親鸞復興

——自己中心的世界を超えて——

北島義信

同時代社

親鸞復興——自己中心的世界を超えて◉目次

第一部　親鸞と現代

第三部　資料――北島義信法話

第1部

親鸞と現代

はじめに

1　浄土真宗の寺院に育って

三重県北部にある浄土真宗の世襲的寺院に生まれ育った私にとって、宗教、とりわけ浄土真宗は哲学思想としてではなく、日常生活の根幹として存在していた。住民の約75％が浄土真宗の門徒(信者)であると言われている三重県北部では、各寺院で行われる春秋の永代経法要や浄土真宗最大の法要としての報恩講（親鸞忌）執行時には、本堂は門徒で満員になっていた。法要終了後、本堂から家路を帰る人々の群れが無数の蟻の行列のように見えた風景が今も、私の脳裏に焼きついている。

夕方には、どこの家庭でも家族全員がそれぞれの自宅の仏壇の前で、『正信偈』（『教行信証』の行巻末の他力念仏賛歌）や『文類偈』（『浄土文類聚鈔』中にある他力念仏賛歌）を勤めるのが日課であった。門徒の報恩講のお勤めのために、小学生の私が各家庭を訪問するのも生活の一部であった。葬儀についても、共同体全員がその構成員となっている「無常講《むじょうこう》」が、一切を取りしきっており、死に対する「不浄」感はなかった。死期が近づけば、住職である私の父親が、要請に応じて臨終説教に赴くのも、不思議なことでなく、むやみに死に怯えることもなかった。共同体では、宗教は「生活の仕方」として存在していた。私が育った農村の共同体において、浄土真宗は共同体構成員を結束させ、一人一人が主体的に人生を生きぬく智慧を与えるものであり、それは日常生活の中に貫かれていた。宗教は私にとって、それなしには日常生活がすっきりと落ち着かないものであった。逆にこのことは、数百年に渡って培われてきた生活共同体が崩壊すれば、浄土真宗も崩壊の危機に瀕することになるのである。

このような日常生活が大きく変化したのは、農村の生活共同体を離れて大阪で学生生活を始めたころであった。その最大のものは、現実の社会政治の矛盾に直面せざるをえなかったことである。一九六三年に大阪外国語大学インド語学科に入学した私は、新設されたばかりの学生寮に入寮した。この寮は、当時、国立大学の「新寮」と呼ばれるものであって、従来認められていた「寮自治」が認められていなかった。「自治寮」を求める学生の運動は全学ストライキ決行にまで高まった。そのような「運動」の渦中に身をおく主体性もない私ではあったが、それでもそんな雰囲気のなかで、社会政治には無関心ではおれなくなってきたのである。

社会や政治に関心をもつようになれば、その仕組みを知りたくなるのは当然である。すすめられて、『共産党宣言』、『空想から科学へ』、講座『戦後日本史』を読みつつ日本や世界の動きを見ていると、世界は「史的唯物論」が解き明かすように、資本主義から社会主義に向かって進んでいるような実感をもつようになった。また、ヒンディー文学を読む中で、インドの民衆の側からヨーロッパの理性・合理主義と植民地主義の矛盾の実態を知ることができ、この矛盾も社会主義によって解決されるのではないかという期待も生まれた。当時の若者のなかで、資本主義社会を絶賛し、その永続を信じているのは、よほどの「ばか者」でしかなかった。もちろん、当時の「ソヴィエト連邦」や「中華人民共和国」を社会主義の理想と考えている学生も、また逆に「理想」としての社会主義を否定する学生も多くはなかった。当時、社会主義に対して感じていた私の好意的な実感は、大学生が曲がりなりにも、政治に対しては敏感な「インテリ」の一部としてみなされていた時代としては、それほど特殊ではなかったのである。一九六〇年代の初期において、大学進学は一五％程度であり、経済的理由で進学をあきらめる高校生も少なくなかった。したがって、大学生には、社会の牽引車となってほしいという期待感、それに応えようとする大学生の意識も強かった。そんな状況のなかで、社会主義の思想は「非合理な現実を変革したい、その変革の方向に向かって生きて行きたい」という若者の願いに応え得るだけの力をもち、その活動の中で自分が変革される宗教的な力に似たものをもっていた。

寮生活の中で弁証法的唯物論・史的唯物論の思想に触れ、現実社会の矛盾を知る中で、宗教に対して批判的になっていったのは事実である。その最大の理由は、宗教が日常生活を送るための「潤滑油」の役割を果たしてはいるものの、社会政治的不合理を明確に批判したり、未来への展望を示しているようには思われなかったからである。そこまでゆかなくとも、未来への展望へと目を開かせる努力をしているようには思われなかったからである。当時の世界の社会政治変革に対する運動は、民族主義的・社会主義的傾向のみが顕著に見られ、宗教が社会政治変革に立ち向かっている具体例を見いだすことは困難なように思われた。それでも、私には宗教、特に自分がその中で生活していた浄土真宗を断ち切ることもできなかった。おそらくそれは、「哲学思想」としての宗教には、懐疑的になっても、生活と結合した宗教は断ち切れなかったのあろう。これは、インドのガンディー、イランのシャリーアティー、アフリカ・ケニヤのグギのような「第三世界」の革新的な若者が西欧に学び、その思想に「心酔」しつつも、自分の生活と結合した土着文化を断ち切れなかったのと同じであろう。恐らく、「欧米近代思想」は「頭を支配」できても、「身体」を、「生活全体」を支配できなかったのであろう。

宗教に対して理論的関心を持ち始めたのは、大阪市立大学文学部文学科哲学専攻に学士入学をしてからのことである。唯物論哲学と「第三世界」の文学理論に深い関心をもっていた私に、森信成先生はフォイエルバッハの『キリスト教の本質』を読むように勧めてくれた。先生の指導の下で、『キリスト教の本質』を読む中で、宗教のもつ人間解放の積極的意味を理解するようになってきた。唯物論の立場に立った服部之総の『親鸞ノート』や森龍吉の『親鸞—その思想史』を読み、常に民衆の人間的自立と連帯のために生きた親鸞に深い感銘を受けたのも、この頃である。服部之総は、島根県那珂郡木田村にある浄土真宗本願寺派正蓮寺の出身であり、彼の理論的後継者である森龍吉は、四日市市出身の浄土真宗本願寺派の門徒であったため、これらの書籍は私にはより大きな説得力をもっていた。

大阪市立大学大学院では、フォイエルバッハの哲学と一九世紀ロシア・リアリズム文学の理論をうち立てたエヌ・ゲー・チェルヌイシェフスキーの美学の関係を中心に学んだ。修士課程修了後、縁あって四日市市にある真宗高田派正泉寺に入寺した私は、地元の暁学園短期大学の英語と倫理学を担当する専任講師として採用された。暁学園は私が中学時代を生徒として学んだ母校でもあった。かくして、教員としての仕事とともに、土曜日・日曜日には、自坊の法務を行う生活が始まったわけである。

当時、私の学問研究の主たる対象は、最終的にはかつてのロシア・リアリズム文学の再生としてのアフリカ英語文学に落ち着いていた。その頃から三〇年近く、アフリカ文学を研究する中で、その主要テーマのひとつが土着文化を基軸とした近代の形成であること、そしてそこにはキリスト教の主体的把握が深くかかわっていることに深い確信を持つにいたった。キリスト教は、植民地主義支配のイデオロギーから、アフリカ人を政治的にも精神的にも解放する力を与えるものとなっており、南アフリカのアパルトヘイト体制を打破する役割をも果したのである。このような視点に立って中東世界を見る時、イスラーム復興の役割も明確になってくる。一九七九年のイラン・イスラーム革命の理論のひとつになった、アリー・シャリーアティーは、「イエスも、ムハンマドも、自らの宗教を広めるのに、権力者におもねることはしなかった」と述べているように、まともな宗教は基本軸が反権力なのである。これは、「余の人を強縁として(権力者にたより、すがることによって)念仏ひろめよと申すこと、ゆめゆめ申したること候はず」と述べた親鸞の言葉とも一致する。

2　批判的精神と人間解放の思想

一九七〇年代後半から世界の政治的解放運動には新たな局面が生まれ始めた。七〇年代以前においては、解放運動のイデオロギー的主柱となっていたのは、社会主義理論であった。それによって多くの前進が得られてのも事実である。一九五〇年代〜一九六〇年代の世界の解放運動を見る時、アジア、アフリカ、中東、ラテンアメリカにおいては、マルクス主義的・民族主義的傾向が強く見られる。しかしながらこれらの運動は、帝国主義勢力の強力な介入や旧制力の巻き返しや運動自身の持つ弱点によって、崩壊させられた例が多く見られる。南アフリカの反アパルトヘイト運動は六〇年代以降、地下へ潜らざるをえなくなった。また、イランでは広範な民衆の支持を得ていたモサッデク政権は、イギリスとアメリカによって企てられたクーデターによって崩壊させられた。チリのアジェンデ政権も国内の反動派を後押しするCIAの力によって崩壊させられた。

一九七〇年代以降、南アフリカでも、イランでも解放闘争において宗教が重要な役割を果たすようになってくる。南アフリカでは、スティーブ・ビコは南アフリカというコンテクストの中で、民衆に最も根を降ろしているキリスト教を人間の精神的社会的解放の武器にして、新たな運動を展開した。同様に、イランでは民衆に最も根を降ろしているイスラームを人間の精神的社会的解放の武器にしあげた。

ここで興味深いのは、両者が単なる過去への回帰を行なったのではなく、土着の文化としてのキリスト教やイスラームを現代の課題と融合させたことである。近代化とは、土着文化を拒否して世界の「普遍的文化」としてのヨーロッパ近代の理性・ヒューマニズムを浸透・徹底させることではなく、現代の課題と土着文化を融合させることを通じて、近代文化の問題点の軌道修正、あるいは抜本的変革を行なうことである。このことを、尊い犠牲を払って学び取ったのである。これは、「途上国」のみに妥当するものではない。土着文化（特にその地域における伝統的宗教）と、人々が直面する課題の結合・融合は決して「途上国」のみに妥当するものではない。なぜなら、「途上国」であれ「先進国」であれ基本的課題は、欧米近代的価値観の絶対化がもたらした「自然と人間の崩壊」からどのようにして立ち直るのかということであるからだ。

われわれは、長年にわたって「欧米近代」を唯一の普遍的価値としてみなしてきた。すべての社会は「欧米」と同一の発展をたどるべきであり、それができない場合、原因はその「一元的発展論」自体に求められるのではなく、非欧米社会の人々の「無力さ」に求められるのである。日本は、非欧米的世界にありながら、唯一、曲がりなりにも「欧米的近代化」をなし遂げた国であると、一般的には言われてきたし、一部のアメリカの研究者には「賛美」もされてきた。「江戸時代」と「明治」の間に明確な質の相違を見いだし、前者には「停滞」、後者には「進歩・発展」を押し当て、明治以来、日本は「欧米」をモデルにした政治・経済体制等の「近代化」によって「脱亜入欧」を果たしたと考え、その延長線上に現在の日本を肯定的に捉えるものの見方は、今日も根深く存在している。したがって、現実から出発するのではなく、「欧米中心主義的歴史観」によって現実を「構成」することが科学の内容であるという考え方が、払拭されることなく持続するのである。

「農村・漁村＝封建的、非文化的、共同体に埋没した没個性」、「都会＝自覚的・民主的・個性的」という、安易な二分法も、「欧米中心主義的歴史観」と無関係ではないのである。農村、漁村の暮らしを原発建設や河口堰建設によって崩壊させようと、また土地の「有効的利用」の名のもとに狭い空間に高層マンションを林立させ、数百年にわたって守り育ててきた町並みや都市景観を破壊しようとも、食糧自給率が三割を割り込もうとも、現実的危機感がひしひしと迫ってこないほどに「精神の植民地化・欧米化」が進行している現実は否定できないであろう。ここからの脱出は、「経済、社会、政治の生命源』としての土着文化の把握にある。なぜなら、「根無し草」ではなく、大地に足を踏みしめた土着文化こそ生活と学問を結合させ、欧米中心主義的歴史観、すなわち精神の植民地化から脱出する力を持っているからである。このような試みは、すでに「第三世界」で、また最近は欧米でもなされており、その成果も現れ始めている。したがって、日本の研究者も自分の両親、祖父母、曾祖父母が暮らしてきた地域共同体に根ざした生活文化を軽蔑せず、そこから学び、それを体系化し、その意義を土着の言葉で語ることを通じて、世代、地域の連帯に貢献することが必要であろう。そのことを通じて、われわれは西欧近代の歪みを克服しようという努力を、いまこそ、すべきであろう。

われわれはこのような努力をした思想家・文学者を何人かあげることができる。イギリスで学んだケニヤのグギ・ワ・ジオンゴ、フランスで学んだイランのシャリーアティー、ポルトガルで学んだギニアビサウのアミルカル・カブラルなどは、ヨーロッパで学びつつも、「西洋近代(欧米近代)」価値観の根本矛盾に気づいたのであった。それは、シャリーアティーの次の言葉に要約される。

「人間性について絶えず声高に語りながら、見つけ次第人間を破壊するヨーロッパに別れを告げよう」

ヨーロッパ近代の価値観の絶対視の拒否は、土着文化と現代的課題の融合という視点に立った近代的価値観の再編成へとつながる。この立場は、ヨーロッパ留学経験のない、南アフリカのスティーブ・ビコにも共通である。

これらの人々が拠って立っている土着文化の基盤は宗教である。その宗教には、キリスト教であれ、イスラームであれ、共通に、聖書やコーランのなかに現代と同じ課題と格闘し方向性を提示する「神」が存在している。この立場に立つ時、人間の社会的政治的解放と精神的解放の統一、国家権力絶対化の拒否、現世と来世を分離することなく、現実世界における救いを通じての主体性と連帯の確立、新たな共同体の構築の視点が帰結される。この視点こそが、欧米近代的価値観の絶対性を打破し、新たな方向性をわれわれに与えるものなのである。

本書の目的は、このような視点に立って、日本の民衆の中に生きている重要な土着文化の一つとして、親鸞が打ち立てた浄土真宗の今日的意味をグローバルな視点に立って問うものである。

親鸞は『顕浄土真実教行証文類』の「化身土文類」において次のように述べている。

「言葉は教えの内容を表しているものであって、教えの内容が言葉そのものなのではない。言葉に依って教えの内容に依らないのは、人が月を指さして教えようとするときに、指ばかりをみて月を見ないようなものである」(『顕浄土真実教行証文類(現代語版)』五三一頁、本願寺出版社二〇〇〇年発行)

親鸞はわれわれに、現実世界の課題と「言葉(文献)」を結合させよと語りかけているのである。そのときに、「内容」はわれわれに対して課題解決の方向を示すのである。

本書はこのような親鸞の提起に研究者として、かつまた地域に根ざし、日常的に宗教活動を行っている生まれながらの真宗僧侶として、主体的に応えようとしたものである。

親鸞は『正像末和讃』を締めくくる最後の一首で次のように述べている。

如来大悲の恩徳は
身を粉にしても報ずべし
師主知識の恩徳も
ほねをくだきても謝すべし。

真宗門徒であれば、だれでも知っているこの和讃がようやく六〇歳になって味わえるようになってきたように私は思う。自己中心主義的にならざるをえない自分の愚かさは、決して自分ではわからない。その愚かさがわかるということは、時間空間を越えた絶対的なるものが前提となり、その絶対的なるものが時間空間を破ってこの私を智慧の光で包み込み、それと一体化したということにほかならない。愚かな自分とそれを突き破る自分の同時的存在の自覚が「私に対してなされた如来の大慈悲」の自覚であり、そのような自覚が腹の底に落ちたのであれば、それに報いるための同時的に他者救済に向かえる。

まさにこれこそが、大乗仏教の要であり、そのことを教えてくれたのが、私にとっては親鸞である。「何を研究してもよいが、親鸞聖人の思想を学び、民衆のために生きよ」と私に語ってくれたのは、七七歳で往生した実父（浄土真宗本願寺派円勝寺前住職・浄翠院釋了典師）であった。

父は夏の暑い日中を選んで、よく境内の雑草を抜いていた。不思議に思って、その理由を尋ねると、「戦争中、神社の草抜きをさせられた屈辱感を生涯忘れないため」という答が返ってきた。縁あって私は、二八歳の時、正泉寺に入寺した。八六歳で往生した義父（真宗高田派正泉寺前住職・眞勝院釋芳樂慶喜師）は私の研究を全面的に保障するため、また私が内実共に住職となり得るように、わが身とわが命を削り続けた。また、六一歳の若さで往生した義母（正泉寺前坊守・實眞院釋貞節妙孝大姉）も、義父同様にこの心もとない私に正泉寺の未来を喜んで委ねてくれた。私を育んでくれたのは、円勝寺や正泉寺のご門徒の方々でもある。

親鸞の強靭な批判的精神と人間解放の思想は、真宗門徒の心の基底に今も生き続けていることを私は確信している。この書がそのことの証しとなれば、これに勝る喜びはない。

3　本書の構成について

本書は三部から構成されている。第一部では、親鸞の思想を歴史の中で捉え、その現代的意義を理論的に解き明かすように努力した。第一章では、親鸞の時代認識と課題設定を現代のわれわれがいかにして捉えるべきかを明らかにし、第二章では、親鸞の時代認識を基礎にして、彼の著書に見られる主要な諸概念の分析を行い、人間の精神的・社会的解放の道筋がいかなるものかを明らかにした。第三章では、親鸞の思想がどのような形で現代に復興し、人々に生きる力となっているのかを、能登半島珠洲市の反原発運動の分析を通じて明らかにした。また、このような運動と宗教の結合は、日本だけにとどまらず一九七〇年代以降の南アフリカや中東イスラーム世界にも見られるものであり、そこには多くの共通点があることを第四章で示した。第五章では、親鸞思想には、近代欧米中心主義的価値観の問題点を克服する明確な視点があり、その視点こそがオリエンタリズムを超えて他者理解の方向性を指し示すものであることを結論的に示している。

これらの内容は、『人類・開発・ＮＧＯ』（一九九七年、新評論、所収の論文「土着文化論と人類の未来」）、『地球村の行方』（二〇〇一年、新評論、所収の論文「地域性こそ普遍的文化の原点」）、『浄土真宗と現代』（二〇〇〇年、文理閣、所収の論文「真宗信心と現代」）、『浄土真宗と平和』（二〇〇三年、文理閣、所収の論文「浄土真宗と平和の実現」）を大幅に加筆・削除・修正して、書き下ろしたものである。

第二部は、ご門徒の方々に対する法話が主たる内容となっている。『仏説無量寿経』と『仏説阿弥陀経』に関する法話は、ご門徒宅で厳修された年忌法要時（一九九五年）の「テープおこし」であり、『慈悲を生きる』は一九九一年の暁学園短期大学公開講座の「テープおこし」である。これらは、私が住職継職記念に配布した私家版『慈悲を生きる』（門土社総合出版）に収められたものである。今回、加筆・訂正をした。第三部は、真宗大谷派西信寺の報恩講の時（一九九八年）に、本堂で行った法話の「テープおこし」であり、正泉寺本堂屋根大改修記念に私家版『智慧の光りに照らされて』（文理閣）として配布したものである。今回、若干の加筆・訂正を行った。

真宗は「読書」「研究」だけでなく、「よく聞くこと」（法を聞くこと）が大切であると言われている。真宗の僧侶たるものは、理論を文字にとどめるだけではなく、自己の信心の内容を告白し、伝えなければならない。そのような主旨で法話を載せたわけである。

第一部と第二部・三部は、互いにつながり合ったものである。両者をあわせて初めて、僧侶であり大学の教員でもある私の親鸞論となりうるのではないかと思っている。

第一章

親鸞における現実社会認識としての「末法」（末世）認識

親鸞が生きた時代（一一七三～一二六二年）はどのような時代であったのだろうか？　それは、古代律令制（奴隷制）が崩壊し、荘園制（初期封建制）がそれに代わり、それを維持する新たな国家権力体制が確立していった時代であった。この体制は、イデオロギー的には、「日本化」し、完成度を高めた密教を機軸とした八宗（天台・真言・南六宗）及び全宗教の統括体制としての顕密主義とよばれるものである。一一世紀後期には確固たるものとなった、「顕密主義を基調とする諸宗が国家権力と癒着したかたちで宗教のあり方を固めた体制」を黒田俊雄氏は「顕密体制」と呼んでいる。興福寺や、その支配下にある春日神社、比叡山延暦寺や、日吉《ひえ》神社《じんじゃ》などの諸大寺社は、単なる宗教イデオロギー集団ではなく、現実に巨大な荘園をもつ社会的権力でもあった。同時にまた、巨大な荘園を持っていたのは、国家権力の中心を担う藤原氏などの貴族や武家でもあった。これら二つの勢力、すなわち政治的権力とそれを支えるイデオロギーとしての「仏教」が相互に相補いあうことによって総体としての国家権力を維持していたのであった。

当然のことながら、この時代の宗教体制はきわめて、権力擁護的な政治性を帯びたものとならざるをえず、本来の宗教が持つ人間の自立と連帯を促す側面は、完全にそぎ落とされていたし、それを正そうとする批判は一切許されなかった。それは、「顕密体制は単なる理念的秩序でもなければ教義上の制度でもなく、独特の社会集団と国家体制によって裏付けられた、世俗的実態さえ含む強力な体制であった」（黒田俊雄『王法と仏法』、法蔵館、一一頁、二〇〇一年）からにほかならない。

この顕密体制の現実を露骨に示したものが、一二〇五年に奈良興福寺の貞慶が起草した「興福寺奏上」であった。専修念仏集団の破壊を目指したこの「奏上」によって、法然・親鸞は一二〇七年、流刑に処せられた。二人がそのような罪を受けたのは、偏に釈尊の基本精神にたち帰って、釈尊がその時代の問題と取り組んだ、その精神において、末法の時代の問題に取り組むことによって、民衆の要求と仏教とを結合させたからであり、その「状況化」された仏教が「顕密体制」と根本的に対立したからである。親鸞は『顕浄土真実教行証文類』の「後序《あとがき》」において、国家権力と一体となり果て、大乗仏教の基本精神（さとりを開くことと、民衆救済の一体化）をかなぐり捨てた「聖道仏教」イデオログーたちの行為を、次のように厳しく糾弾している。

「わたしなりに考えてみると、聖道門（自力修業によって現世に仏となる道）のそれぞれの教えは、行を修めさとりをひらくことがすたれて久しく、浄土真実の教えは、さとりを開く道として今盛んである。しかし、（歴史的危機を主体的に受け止めようとしない）諸寺の僧侶たちは、教えに暗く、何が真実で何が方便であるかを知らない。朝廷に仕えている学者たちも、行の見分けがつかず、よこしまな教えと正しい教えの区別をわきまえない。このようなわけで、興福寺の学僧たち（貞慶たち）は、後鳥羽上皇・土御門天皇の時代、承元元年（一二〇七年）二月上旬、朝廷に専修念仏《せんじゅねんぶつ》の禁止を訴えたのである。天皇も臣下のものも、法に背き道理に外れ、怒りと怨みの心をいだだいた。そこで浄土真実の一宗を興された祖師源空（法然）上人をはじめ、その門下の数人について、罪の内容を問うことなく、不当にも死罪に処し、あるいは僧侶の身分を奪って俗名を与え、遠く離れた土地に流罪に処した。わたしもそのひとりである。だから、もはや（『国家によって認められた』）僧侶でもなく俗人でもない。そのようなわけで、禿《とく》の字をもって自らの姓としたのである」（『顕浄土真実教行証文類（現代語版）』、六四一〜六四二頁、本願寺出版社）

貞慶の「奏上」における法然批判は、顕密体制自体にかかわるものと仏教の内容にかかわるものに区分される。まず、第一番目には、「新宗を建つるの失」である。これは、法然が勅令を得ることなく一宗を立てたことの批判である。日本において、仏教は七〇一年の僧尼令《そうにりょう》以来、国家権力支配のもとにあり、国家擁護のためのものでない限り認められなかった。僧尼令は「僧尼の統制が主眼であって、仏教をたんなる具体的な現世利益を達成する手段に堕さしめ、布教の自由が拘束されており、宗教者としての権威が重んぜられていたとはどうしても見られない」（柏木弘雄『仏教思想史ノート』、五〇頁、世界聖典刊行会）ものであった。この僧尼令は一一九二年に鎌倉幕府が開かれるまで、その力をもっていた。それ以後もこのイデオロギーは絶えることなく現代まで国家権力の底流に存在している。

貞慶は「顕密体制」としての国家体制崩壊の危機を専修念仏の思想に見た。だからこそ貞慶は「僧尼令」のイデオロギー（仏教の国家管理）を振りかざしたのであった。第二点目は、法然の思想の視点批判であり、それは「万善を妨ぐるの失」・「霊神に背くの失」という批判である。法然に見られる「建堂造仏などの善根・功徳」や「真言・止観」などへの帰依否定は、貞慶にとっては「反仏教」であり、また一切の神々を信じないのは、神仏融合・鎮護国家を原則とする「正統派仏教としての八宗体制」への対抗であり許せないというのである。第三点は、法然の思想の内容の批判である。それは、「浄土に暗きの失」・「念仏を誤るの失」である。念仏往生を解き明かす浄土教の根本聖典の一つである『観無量寿経』の一節、すなわち、「一切の凡夫、彼の国（浄土）に生ぜんと欲せば、まさに三福（父母孝行・師先輩への奉仕、戒律を守ること、菩提心をおこして大乗教典読誦により浄土往生を願う）を修すべし」という箇所をあげ、「ここでは諸行往生を許しているから、法然の主張する口称念仏のみによる浄土往生という思想は誤っている」と貞慶は主張する。また念仏については、「観念の念仏（心に仏を念じること）」が本であり、法然のいう「口称念仏」は、「観念の念仏」とは比べものにならないほど劣ったものであることは、経典にも述べられていると主張する。第四点は、全体をまとめた結論的批判である。それは「国土を乱るの失」である。「仏法(イデオロギー)・王法（社会体制)」は一体のものである。ところが、法然の思想はこの関係を根本から破壊し、ひいては国家体制滅亡へと連なるものであるが故に、否定されねばならないと貞慶は主張する。

貞慶の法然批判の基本視点は、「選択本願念仏」に対するものであった。なぜなら、称名念仏とは阿弥陀仏の選択本願（他を捨て選び取った、衆生を救うための根本的な願い）であり、それは顕密体制仏教が主張する「諸行往生」「菩提心為先」「持戒持律」「造像起塔」「鎮護国家」などを捨てることであったからである。同時に法然のかかげる「念仏一行」は、凡夫の往生をかかげて真に人間解放を目指すものであったからである。法然が「選択本願念仏」に到達しえたのは、彼の歴史認識・社会認識、「末法濁世」の主体的認識による。

法然は当時の体制化した仏教、「聖道《しょうどう》」はなぜ捨てられなければならないのかを、『選択本願念仏集』の冒頭で、『安楽集』（道綽）を引用しつつ、次のように述べている。

「それ聖道の一種は、今の時証しがたし（現在では、さとりをえることができない）。一には大《だい》聖《しょう》（釈尊）を去れること遥遠《ようおん》なることによる。二には理は深く解は微なるによる（教えは深遠であるのに、衆生の理解能力が乏しいからである）。このゆゑに『大集月蔵経《だいじゅうがつぞうきょう》』にのたまわく、〈わが末法の時のうちの億々の衆生、行を起こし道を修せんに、いまだ一人として得るものあらじ〉と。当今は末法、これ五濁悪世《ごじょくあくせ》なり。ただ浄土の一門のみありて通入すべき路なり。このゆゑに

『大経《だいきょう》（仏説無量寿経の略称）』にのたまわく、〈もし衆生ありてたとひ一生悪を造れども、命終の時に臨みて、十念相続してわが名字（南無阿弥陀仏）を称せんに、もし生ぜずといはば、正覚を取らじ〉と」（『浄土真宗聖典（七祖篇）』、一一八三～一一八四頁、本願寺出版社一九九六年）

法然（道綽）によれば、聖道のおしえによって「さとり」がえられないのは、①釈尊がこの世を去ってから余りにも長い年月がたち、救済者として自ら現実に則して直接われわれに道を説く存在者がいないため、また現実の釈尊の救済活動の記憶もなくなっているため、われわれには仏教の内容理解がえられないこと、②その内容が深いのに、時代の構造的社会悪に人々は染まりきっているため、真実の教えを理解する能力が乏しいこと、をあげている。すなわち、その教えをその時代のコンテクストに基づいて、現代化する模範的指導者もいないし、その教えの内容の状況化もなされていないということである。それがなされないのは、末法という時代であることによる。末法の時代とは、社会・政治自体が真実追求・真の人間の成長を促す仏教に対して敵対的であり、また民衆も当然その影響をうけている。このような社会体制のもとでは、まともな価値観は消滅し僧侶も反仏教的になり、権力維持のためのイデオローグと化している。このような現実の中で、自力の行をはげんで、この世でさとり開くことは、そもそも無理である。なぜなら「五濁悪世」の中で悪にまみれた自己が「自力」で行にはげんだ結果は、悪以外のものを生み出すことはできないからである。事実、そのような行にはげんだ結果、体制擁護の僧侶ばかりを生み出しているという現実が存在していたのである。だから、「聖道」のおしえでは、救いの道はなりたたないのである。

法然や親鸞は、顕密体制のもたらす反人間化の問題点を「正法・像法・末法」という仏教的歴史観に立って考えた。正法とは「教(仏の教法)と行(実践)と証《さとり》の三つがすべて具わっている時代」であり、像法とは正法のあと一千年続く時代で、証《さとり》はないが教（仏の教法）と行（実践）は残っている時代であり、末法とは像法のあと、一万年続く時代で、教（仏の教法）しか残っていない仏教衰退の時代である。この時代には、五濁という、五種類の汚れが生じる。そのひとつは、「時代の汚れ（劫濁）」であり、飢餓・疫病・戦争などの社会悪が増大する。二つ目は、「思想の乱れ（見濁）」であり、邪悪な思想や見解が広まる。三つ目は、煩悩が盛んになること（煩悩濁）である。四つ目は、衆生の資質が低下して、悪をほしいままにするすること（衆生濁）である。五つ目は、衆生の寿命が短くなること（命濁）である。

日本では、釈迦入滅を紀元前九四九年とする唐の法琳（五七二〜六四〇）の説にしたがって、一〇五二年（永承七年）より末法の時代に入ったとされた。またこの頃から、「末法」を実感させるできごとが多く起こっている。一〇五一〜一〇六二年には陸奥の土豪阿倍頼時が国司に対し、源頼義・義家に滅ぼされた「前九年の役」が起こり、一〇八一年には、園城寺と延暦寺の僧徒が激しく争い、園城寺を焼くというできごとも起こっている。一二世紀に入ってからも、院政の混乱と武士の進出をしめす事件としての保元の乱（一一五六年）、源義朝と平清盛が争い義朝が敗死した平治の乱（一一五九年）、平氏滅亡に至る源平の争乱（一一八〇年）、南都興福寺・東大寺の焼き打ち（一一八〇年）、西日本に発生した養和の大飢饉（一一八一年）などが鎌倉幕府成立までに起こっている。

重要なのは、このような危機の時代をただ傍観者としてながめて嘆くだけなのか、それともその時代の中にそれを突き破る道筋を見いだすことができるのかどうかである。法然や親鸞は、後者の道を歩んだ。その道筋が浄土門、特に念仏一行であった。五濁悪世の現実において、既成公認仏教としての自力聖道によって、さとりがえられないのであれば、その「さとり」を得ることのできない自己がどうすれば救われるのかを探ることが必要であろう。そのためには、まず自己の客体化から始めることが必要である。しかしながら、自己による自己の客体化は不可能である。なぜならば、「自己肯定的自己」（煩悩をもつ自己、自己を合理化する自己）」が、自らの問題点を冷静に明らかにできるはずがないからである。にもかかわらず心底から自己の悪、愚かさに気づかされるのは、自己が直面する現実がいかに辛く絶望的であっても、そこから一歩も退かずに道を求めようとするときに砕ける「自己肯定」である。これが危機の主体的な受け止めかたであり、その時に初めて自分の無力さ、罪深さに気づかされるのである。

初めて浄土教を日本に打ち立てた源信が「予がごとき頑魯のもの（かたくなで愚か者）」を自己を呼び、法然が「浄土宗の人は愚者になりて往生す」と述べているのも、末法の現実をそこまで深く主体的に問い詰めたからである。このような自己客体化は自分によってなされたとは考えられないのである。それは自分を越えた存在者、超越的絶対者たる仏の智慧の光が時空間を突き破って、この自己を包み込んだからこそ自分の無力さが見えたのである。すなわち自己を客体化する智慧の眼、真実を見る眼を賜ったが故に、同時に救われない自分が救われるという喜びをえるのである。このような状態になる時、この仏との一体感が自分の口から出る「南無阿弥陀仏」である。それは、智慧と慈悲において無限である私に帰依せよ、念仏を申せという阿弥陀仏の呼び声を疑いのない心で受け止めて、自分の口からでる念仏なのである。これによって、この身は「五濁悪世」にいながら、怯えることなく主体的人間となって現実を生き抜いて行ける道が開かれるのである。この道こそ、すべての人々に開かれた唯一のものである。

このような道筋は、法然の末法の現実の主体的把握によってのみ可能であった。これに対して階級的憎悪をあらわしたのが顕密体制であった。もちろん、すべての人々が法然のような視点にたっていたわけではなかった。例えば、当時、権力の側に立っているわけでもなかった鴨長明などは、末法の時代認識はあるものの、末法の時代の主体的把握はできなかった。

1　鴨長明の末法観

「末法の世」をどのように受け止めるかについては、必ずしも万人が同じというわけではない。例えば、鴨長明（一一五五〜一二一六年）の『方丈記』を見てみよう。興福寺による念仏停止の訴えにより法然・親鸞が流罪となった一二〇七年の五年後に、『方丈記』は書かれていている。そこには、深刻な社会不安を通じて、現実世界におけるものには永遠というものはないという実感はあるものの、それを主体的に受け止め方向性を見いだそうとする努力は見られない。

彼は安元の大火、治承の辻風、養和の飢餓、福原遷都や源氏の挙兵にも触れながら、「日を経つつ世の中浮き立ちて、人の心もをさまらず」と述べているように、世の中が荒廃し、人心もだんだん浮き足立って来たことを理解している。これは、古い古代的世界が終わりを告げ、中世的世界へ変わって行く、貴族社会にとりこまれた平家に替わって源氏が台頭し、日本国内が内乱状態になって行く、そんな中でどう生きるべきかを長明は書こうとしたのであろう。では長明が『方丈記』においてたどり着いた結論とは、いかなるものであろうか。彼は次のように述べている。

「みづから心に問ひていはく、世を遁れて山林に交わるは、心をさめて道を行はむとなり、しかるを汝、すがたは聖人にて心は濁り染めり、栖《すみか》はすなはち浄名居士の跡をけがせりといへども、たもつところはわずかに周利槃特《しゅりはんどく》が行にだにおよばず、もしこれ貧賤の報いの、みづから悩ますか、はたまた妄心のいたりて狂せるか。そのとき心さらに答ふることなし。ただかたはらに舌根をやとひて、不請、阿弥陀仏両三遍申してやみぬ」

ここには、「まじめ」な自己批判が現れている。彼は自分の心に問うてみた。

〈遁世して自然の中に入ったのは、仏道修業のはずだったのに、お前は風体は清浄だが、心は依然として世俗の濁りに染まっている。住まいは仏道修業者のようにしつらえながら、その精神のレベルは釈迦の一番できの悪い弟子にも劣っている。これは貧しさの報いで心が病んだからか、あるいは、妄心に取りつかれて、心が狂ってしまったからだろうか〉

しかし、その疑問に対して、なんら確たる返答は聞こえない。しかたがないから、舌先を動かして、とてもおいでを願えそうもない阿弥陀仏の名を二、三度となえるのみである、と長明は述べている。

長明が「出家」して、宇治の近くの日野山に庵を結んだのは、貴族の時代から武士の時代へと変わりつつある姿を認め、「旧世界」へは戻ることをやめたからである。しかしながら他方では、日野山にこもりながらもまだ源実朝に会って就職活動をしているなど、過去を完全に捨て切れていない側面もある。彼は「旧世界」を冷静に見つめつつ、一方では「なんと自分はなさけない存在か」という言葉にもあるように、自己を一定程度客体化する眼をもっている。しかし彼には、これからどう生きるのか、どういう時代にせねばならないのかについては、「その時さらに答ふることなし」と書いているように、新時代への視点はまだ持ち得ず、それを深めて行く論理は弱いと言わざるをえない。

彼は、確かに自己の無力さを述べてはいるが、それほどの深さはない。自己の無力さがわかられるには、それを照らし出す真実、智慧が与えられなければならない。無力さが自覚させられたときには、それをわからせた超越者の意識が同時的に存在するが故に、救われる喜び（自己の主体化の目覚め）がえられるのである。ところが、そのような喜びは、彼には存在しない。「念仏を二、三回気休めにとなえるだけだ」という言葉には、彼にとって仏教、念仏が現実を切り開く「目」と「足」にとはなりえていないこと、仏教が自己の拠り所とはなっていないことを示している。彼の庵には、「濁世末代（末法濁世）の目足」としての念仏の道を説いた源信の『往生要集』が置かれている。親鸞は『正信偈』で源信を讃えて、次のような『往生要集』の一節を引用している。

「われまたかの摂取のなかにあれども、煩悩、眼を障へて見たてまつらずといへども、大悲、倦《もの》うきことなくしてつねにわれを照らしたまふといへり」

ここには、親鸞も共有する「救われない自分が救われる喜び」が述べられている。徹底的に自己客体化を押し進めたときにえられる宗教的境地、すなわち主体的人間となる目覚めには、鴨長明は到達していない。ここに至ることができないのは、「末法濁世」を主体的に受け止め、それを切り開くという主体的生き方、つまり歴史の原動力の一員となることによって受ける物理的・精神的苦痛から逃げないという生き方、が欠如しているからなのである。当時の仏教がその本質としての人間救済をかなぐり捨てて、国家権力維持の道具に成り下がっているという現実の中で、それを乗り越えようとして生まれた新しい「専修念仏」には近づけない長明には、現代の多くのインテリにも見られるような傍観主義が本質となっており、法然に見られるような、生き方の主体性は見られない。

しかしながら、われわれは単純に鴨長明を批判することはできない。なぜなら、「冷戦体制崩壊」後、アメリカ主導のグローバリゼーションによる世界支配が強まっている現実の中で、それを突き破る明確な道筋が示されているとは言いがたいからである。この現在の情勢と鴨長明の時代には、未来の不透明性において共通点がある。アメリカ主導のグローバル支配の構造は、自己に対するすべての批判を許さず、それと違う価値観も認めず、暴力的に抑圧する。今日の「グローバリゼーション」は、「発展」を続ける「西洋近代」の帰結であり、これが人類の唯一の普遍的価値であるかのような状態である。これこそがまさに「末法濁世」であり、われわれはここに歴史的共通性を見ることができる。問題は、この「クローバリゼーション」正当化の価値観」を打ち破る道筋をどう示すのかである。それはこの時代的危機の主体化をいかにしてえるかにある。その危機の主体化確立はなされていないこの現実において、長明と同様に「その時、心さらに答ふるなし」といわねばならないのである。

2　親鸞の末法観

親鸞は自己の時代を、釈迦入滅後二〇〇〇年をへて末法に入って間もない時代だと捉えていた。親鸞が目にし、そのもとで暮らした「顕密体制」は、まさに「五濁」の世界であった。本来人間に生きる力を与え、生きる道を照らす役割を果たすべき仏教は「外道(虚偽の教え)」に成り下がっていた。親鸞は『正像末和讃(悲嘆述懐讃)』で次のように述べている。

「五濁増のしるしには／この世の道俗ことごとく／外儀(外面)は仏教のすがたにて／内心外道を帰敬せり」「末法悪世のかなしみは／南都北嶺の仏法者の／輿かく僧達力者法師／高位をもてなす名としたり」

顕密体制の下で国家権力の支えるイデオロギーと化した「仏教」は、本来の人間救済の役割を捨てて、民衆抑圧が本質となっている。そのような「仏教」の本質は、人間を欺く「外道」(虚偽の教え)である。それは、まず第一に世俗的なもの、現行の政治体制の絶対化であり、これへの拝跪の強制である。したがって親鸞は『顕浄土真実教行証文類』の「化身土文類」において、国家権力・絶対視された世俗への拝跪を『菩薩戒経』を引用しつつ次のように批判する。

「仏道修業をする人が守るべきことは、国王に向かって礼拝せず、父母に向かって礼拝せず、父母・兄弟・妻子に仕えず、鬼神を礼拝しない、ということである」

親鸞は世俗のものには、絶対的なものは何一つなく、それらのものに最終的よりどころを求めてはならぬと主張する。最終的よりどころは唯一仏法であるがゆえに、国王も仏法をよりどころとしなければ、まともな政治は不可能である。中国浄土教を打ち立てた曇鸞を讃えた和讃三十四首の結びにおいて、親鸞が「本師曇鸞大師をば／梁の天子蕭王《そうおう》(南朝梁の武帝〈四六四〜五四九〉)は／おはせしかたにつねにむき／鸞菩薩とぞ礼しける」と述べたのは、それを示している。

また親鸞は、『顕浄土真実教行証文類』の「化身土文類」において、道教に代表される「外道」がいかに世俗権力擁護という立場から、仏教を批判しているのかを、『弁正論』（仏教の側から、道教を批判した書物）を引用しつつ、明らかにしている。親鸞によれば、「外道」が「義」を立てるのは、道徳が卑しいものとなっているからであり、「礼」を示すのは、まことの心が薄いからである。また人々に孝を尽くせというのも、人々には孝行心がないからである。

「（このような徳目を要求する目的は）、すべての人々にその父を敬わせるためである。また、そのようなものに忠を尽すことを説いて教えるためであり、それはすべて人々にその王を敬わせるためである」（『顕浄土真実教行証文類（現代語版）』、六二二～六二三頁）

本来は、その逆で、君主が敬われるのは、そのすぐれたれた仁の力によるものでなければならない。これに対して仏道修業者は「すべての衆生を肉親と同じように敬うのである。（仏道修業者は）この世の栄誉を捨ててさとりの道に入り、あらゆる衆生を自分の父や母と同じように、見なすのである」（六二四頁）。仏道修業者は「すべてにとらわれのない心を尊ぶのに、あなたは肉親の情を重んじる。法はすべてのものの平等を尊ぶのに、あなたは敵か味方かを区別する。それは迷いではないか。勢力を争って肉親を捨てることは、歴史の書にあきらかなところ」（六二四頁）である。外道は、自己権力永続のために存在するものであるが、本来仏教は徹底した平等化の実践のために存在する。この両者にはこのような根本的相違点がある。

また親鸞は人々を欺く体制派の「思想家・僧侶」を鬼神と呼んで批判している。鬼神は「神々や菩薩の姿を現したり、……あるいはすべては平等であり、本来空であるからそれぞれの相というものはなく、願い求めるべきものは何もないのであって、敵もなければ味方もなく、因もなければ果もなく、究極のところは空無なのであり、これがまことのさとりの世界であるなどと説いたり」(六〇八〜六〇九頁)して、現状そのものに満足せよということを人々に教える。また鬼神は、「人に過去のことを教え、また未来のことを教え、他人の心の中を知ることができる力を得て、自由自在に弁舌を振るわせ、人々に世俗の名誉や利益について執着させるのである」(六〇九頁)

末法の世においては、「仏教」は外道化し、仏道修業をしようとするものを妨げる。親鸞は、国家権力と一体化し、現状体制の肯定を要求し、世俗の名誉・利益への執着心、自己中心主義を育てる「外道化した仏教」の存在に、末法濁世の現実を見た。このような現実において、親鸞が原点としたのは、末法濁世の現実に軸足を置きつつ、仏教の原点回帰を行うことであった。末法の世においては、行(修業)によって、証《さとり》を得ることはできず、釈尊の説いた教えしか残っていないと言われていた。親鸞は「化身土文類」において、龍樹の著作と伝えられている『大智度論』の引用によって、釈尊の教えの主体的把握の基本的視点とはいかなるものかを、次のように述べている。

「釈尊がまさにこの世から去ろうとなさるとき、比丘（成人男性出家者）たちに仰せになった。〈今日からは、教えを依りどころとし、説く人に依ってはならない。教えの内容を依りどころとし、言葉に依ってはならない。真実の智慧を依りどころとし、人間の分別（わけへだてをする心）に依ってはならない。仏のおこころが完全に説き示された経典を依りどころとし、仏のおこころが十分に説き示されていない経典に依ってはならない。……教えの内容を依りどころとするとは、教えの内容に、よいと悪い、罪と功徳、嘘とまことなどの違いをいうことはなく、だから言葉は教えの内容を表しているものであって、教えの内容が言葉そのものなのではない。言葉に依って教えの内容に依らないのは、人が月を指さして教えようとするときに、指ばかりを見て月を見ないようなものである。……言葉は教えの内容を指し示すものであって、言葉そのものが教えの内容であるわけではない。このようなわけで、言葉に依ってはならないのである」（五三〇〜五三二頁）

仏道修業する者が、不退転位（仏になることがまちがいないという位）に至るには、難行道と易行道の二つの道がある。しかし末法の世、すなわち「五濁の世・無仏の時」には、「難行道」によって阿毘跋致《あびばっち》（不退転位）に至ることは難しいと曇鸞は『浄土論註』において述べている。曇鸞によればその理由は五つある。その第一は、外道の主張する世俗的な形のある善や幸福が、仏法を求める人々を混乱させるということであり、第二は、自己中心主義的なものの考え方が真実の仏の教えをじゃまするからであり、第三には、勝手気ままな人間の生活やものの考え方が、まじめに道を求める人の生き方を破壊するからであり、第四には因果の道理を無視する考え方が仏道修業を破壊してしまうからであり、第五に阿弥陀仏の教えを身につけることができないからである。

仏道修業をしようとする場合、「時代」と衆生の「資質」の合致、「時」と「方法」の合致が必要である。末法の世において、その時代の特徴、すなわち現状分析がまず必要である。この現状分析によれば、自分の能力によって仏道修業をしようとするものは、外道化した仏教にからめとられ、さとりに向かうことはできない。なぜなら、自分の回りがすべて外道化した仏教であり、その力は「自己の能力」を遥かに越えるものであるからである。その時代を支配するのは、言うまでもなく権力者の支配的イデオロギーであり、それに対する批判は許されない。

例えば、今日の世界はアメリカ一極支配としての「グローバリゼーション支配」のもとにあり、それを支えるイデオロギーは「欧米近代」の価値観を唯一絶対のものとし、それ以外の価値観による社会形成を決して許さず、それに対しては戦争も辞さない。これは欧米型の「発展」を唯一の普遍的基準とする「発展史観」の帰結であり、世界の行きづまりにほかならないのである。日本の平和憲法を平気で踏みにじり、戦争への道を歩もうとしている政府与党の行為は、「グローバリゼーション」に取り込まれているからにほかならない。このようなアメリカ主導のグローバリゼションを是とする枠組みのなかで、これを肯定する欧米近代の世界観によっては現実は変わらない。この現実を変えるためには、異なった世界観が必要とされる。親鸞が直面した現実は、これと同じである。つまり、このような現実を切り開くためには、今までとは違う角度からものごとを見ることである。

「教え」を依りどころとすることとは、まず第一に、釈尊の基本的立脚点に立ち返ることである。死期の迫った釈尊は弟子のアーナンダに次のように語った。

「アーナンダよ。いまや、私の死後には、自らを洲（dvīpa，島の意味）となし、自らをよりどころとして、法を洲となし、法をよりどころとして、他のものを洲とせず、他のものをよりどころとしないで暮らさねばならない」（『遊行経〈上〉』大蔵出版）

川の中や海に浮かぶ「洲（島）」は、河川がいかに増水しようとも、どれほどの台風が来ようとも、一歩も動くことはありえない。われわれは、このような洲（島）とならねばならないのである。この言葉は、「自己が直面する現実から逃げてはならぬ、それがいかなるものであっても、受け止めよ」ということを語っている。しかしながら、それだけではわれわれは、そこに踏みとどまることはできない。そのために必要なのが、法（真実）なのである。われわれは、法と一体化することによって、現実から逃げることなく、自己を高めて行くことができるのである。法とは、このように現実に向き合ったとき、未来を照らす松明となり、現実から逃げることのない人々に勇気を与え、それらの人々をすくい取る、最も確実な頼りになるものでなければならない。親鸞は法の具体化としての阿弥陀仏の本願を「無明長夜の灯炬《とうこ》（まっ暗な、長い夜をてらす、絶えることのない大きなともしび）」であり「生死大海《しょうじだいかい》の船筏《せんばつ》」（苦悩の現実世界に浮かび衆生を救う船・イカダ）であると呼んでいる。

釈尊の『遊行経』における言葉の意味は、①自己の直面する現実から逃げてはならない、自己に与えられた運命を受け止めよ、そして②法（真実）を依りどころとし、それを導きとせよ、ということである。親鸞は依りどころとなる法を阿弥陀仏の本願として把握したのである。かくして、末法五濁の世にありつつ、それを切り開く道筋がえられるのである。それが『正信念仏偈』の曇鸞を讃えた箇所の「証知生死即涅槃（現実の苦悩の生活の中に、さとりの道があることが理解させられた）」の意味であろう。釈尊の教えをこのように捉えることが、釈尊の「言葉」ではなく、「教えの内容」に依ることの具体化なのである。

「教えの内容」とは「月とそれをさす指」の関係に見られるように、「方向性・角度」を意味する。「方向性」と「角度」がわかれば、いかなる困難があろうとも、だれでも目的地に到達できるのである。「ただ仏の説いた言葉のみしか残っていない」と言われた末法の真っ只中で、親鸞はこのようにして「仏の説いた言葉」の「内容」を把握したのであった。

かくして親鸞は、釈尊の原点に立ち返ることに依って末法五濁の時代を生き抜き、さとりへ向かう道筋の「方向性」と「角度」を主体的に把握したのであった。その「方向性」と「角度」を示し導くもの、「濁世の目足《もくそく》（末法の現実世界を切り開く目となり、足となるもの）」となるのが、「他力・浄土門」のおしえとしての専修念仏の道であった。仏道修業の道は、従来のような「自力・聖道門」によっては、しょせん「外道」に搦め捕られるだけであって、さとりに達することは不可能であることを親鸞は知っていたのである。しかしながら、浄土に往生してさとりを開くという浄土門の教えには、重要な問題点が存在していた。浄土と現世とはどのようなつながりがあるのか、それとも両者は分断されたものであるのかという問題をあきらかにしないかぎり、「浄土往生」は単なる「現在の願望を未来へ先送りする」だけのものになり、「五濁にあふれた現世」は「逃避すべきもの」となる。これは、釈尊の根本前提からはずれるものである。

また浄土とは何かということも明らかにされねばならない。『仏説阿弥陀経』に描かれているような浄土世界が「実体的（感覚的・視覚的）世界」であって、命終わればそこへ行くことができるとは、鎌倉時代の庶民でも考えていなかった。これは鎌倉初期に描かれた『宇治拾遺物語』の「念仏の僧、魔往生」という作品の中にも見ることができる。

この作品では、弥陀来迎を見て喜んだ聖（僧侶）が浄土往生を遂げるどころか、実は天狗に騙されただけであって、数日後、高い杉の木の枝につるで縛りつけられていたことが生き生きと描かれている。縛られたつるを弟子が解こうとすると、その聖は次のように言った。『『今すぐ迎えに来るから、その間、しばらくこうして待っておれ』と阿弥陀様がおっしゃったのに、なぜこのつるを解くのだ」。それを無視して、弟子がつるを解くと、その聖は叫んだ。「阿弥陀さま、私を殺すものがおりますぞ」。それにかまわず、弟子たちは寺へ連れて帰った。この騙しを見破ったのは、弟子たちであったが、聖は最後までそれに気づかず、ついには狂い死にしてしまうのである。「智慧なき聖は、かく天狗に欺かれるなり」という言葉で、作者はこの物語を結んでいるが、天狗は仏法の邪魔をする怪物であるがゆえに、ここに「末法」の現実を見ることもできる。しかし、そこには旧来のスタイルでは、仏道修業はできないことも示されている。また僧侶が、視覚的に見て信じ込んだ普賢菩薩の正体は猪であったことを見破った猟師の話も、『宇治拾遺物語』に見ることができる。

これらの物語は、僧侶たちが仏や「仏の来迎」を感覚器官の対象となる実態的なものと捉えているのに対して、庶民や位の低い僧侶たちはそれに対して疑いを持っていたことを示している。それゆえ、仏や浄土がそれとは異なったものとして、庶民を論理的に納得させるものとならねばならない。その立場にたっていたのが、法然であった。法然は自己の臨終において、弟子たちが勧めた、阿弥陀仏の絵像に取りつけられた「五色の糸」の端をとることはなかった。「これは、世間一般の人が行うことであって、私の場合はその必要はない」と言って、断ったことが知られている。法然はすでに、念仏の立場に立つ者は平生において往生が決定しているから、臨終そのものに特別な意義や、感覚器間の対象となる実態的なものとしての「弥陀来迎」の意義を認めていなかったからであろう。その法然の信仰内容を理論化し論理的に提示したのが親鸞であった。

3　結論

危機の主体的認識に必要なことは、まず第一に、自らが生活する現実に対する批判的態度、すなわち現実の社会が非人間的であることに対する批判的態度、及びそのような社会を肯定する思想に対する批判的態度である。第二には、そのような現実が何ゆえに成り立っているのかの論理的分析である。第三には、真実ではない現実を真実化しようと決意し行動することであり、それによって自己解放が可能となることである。第四に、これらのことをなし遂げるためには、自己自身の客体化が前提となることである。

また危機の主体的認識を確固たるものするのは、第一に自分たちの宗祖・開祖がもし今生きていたら何を言い、どのように行動するかを、教典・聖典にそくして主体的に把握することである。そのことを通じて第二には、現世と来世を分離することなく、救いの原点は現世にあること、その対象は名もなき民衆であること、世俗権力は神的絶対的なものではなく、真実を機軸としなければならないこと、を揺るぎないものとして受け止め、自ら宗教者は苦難を恐れることなく発言し行動することである。

親鸞の危機認識とは以上の視点に立ったものであった。この視点は、親鸞ひとりのものではなく、南アフリカのアパルトヘイト体制を打破し、新しい南アフリカ建設に大きく貢献している状況神学や、アメリカ中心のグローバル支配を拒否し、新たな人類再生の道を歩むイスラーム復興運動にも見られるものである。

では、親鸞の危機意識の主体化による宗教理論の基本的特徴はいかなるものかを、見てみよう。

第二章

親鸞の宗教哲学の骨子

1　現生正定聚《げんしょうしょうじょうじゅ》——「来世のすくい」から「現世のすくい」への転換

浄土教は、口称念仏による浄土往生の道を説く教えであるがゆえに、在家者にも可能な「易行道」である。しかしながら、その浄土往生の論理的構造が現実世界において明確にならないかぎり、その教えは現実的な力にはなりえず、結論を未来へ願望をこめて先送りするだけである。釈尊の教えが来世主義でなかったように、浄土教の教えも現実世界において苦悩する人々に生きる力を与えるものでなければならない。親鸞は『顕浄土真実教行証文類』の「化身土文類」において、『涅槃経』を引用しつつ、教えに対する主体的態度のあり方について、次のように述べている。

「善良なるものよ、信には二種がある。一つには、教えをただ理解する信であり、二つには、教えにしたがって道を求める信である。教えをただ理解しているだけで、教えにしたがって道を求めることがないのは、完全な信ではない。また信には二種がある。一つには、ただ言葉を聞いただけでその意味内容を知らずに信じるのであり、二つには、よくその意味内容を知って信じるのである。ただ言葉を聞いただけで、その意味内容を知らずに信じているのは、完全な信ではない」

(『顕浄土真実教行証文類（現代語版）』、五一六～五一七頁)

われわれにとって重要なのは、仏の教えを理解し、その教えの示す道を求めることである。そのためには、教えの意味内容を納得が行く形で知ることである。親鸞は浄土教の教えをどのように把握することによって、その「未来主義」を克服したのであろうか？　それは、『仏説無量寿経(下巻)』の冒頭部分の主体的把握にある。

「釈尊が阿難に仰せになった。『さて、無量寿仏(阿弥陀仏)の国に生まれようとする人々はみなこの世で正定聚に入る。なぜなら、その国に邪定聚(自力の諸善をたよりとして浄土に往生しようとする者)や不定聚(自力の称名念仏をたよりとして浄土に往生しようとする者)のものが生まれることはないからである。すべての世界の数限りない仏がたは、みな同じく無量寿仏のはかり知ることのできないすぐれた功徳をほめたたえておいでになる。すべての人々は、その仏の名号のいわれ(あなたを救ってあげましょう、お念仏を申しなさいという呼び声)を聞いて信じ喜ぶ心がおこるとき(その呼び声がふにおちたとき)、それは無量寿仏がまことの心をもってお与えになったものであるから、無量寿仏の国に生まれたいと願うとたちどころに往生を得て、不退転に住するのである……」(『浄土三部経(現代語版)』本願寺出版社、七二頁、一九九六年。ただし強調点の部分は北島の訳)

親鸞において、「正定聚」は命終われば仏となることが現世において定まることを意味しており、それは不退転と同義であり、二度と迷いに転落しないことを意味する。したがって、親鸞は『仏説無量寿経(下巻)』の「其有衆生、生彼国者、皆悉住於正定之聚」を『一念多念文意』において、「それ衆生あつて、かの国に生まれんとするものは、みなことごとく正定の聚に住す」と読んでいる。親鸞は「生彼国者」を従来のように「かの国に生まるれば」とは読まなかったのである。すなわち、浄土に往生してのちに、浄土で正定聚不退転の位につくとは考えず、正定聚不退転を現世において捉えたのだ。この箇所は、サンスクリット本では「かの仏国土にすでに生まれ、現在生まれ、未来に生まれるであろう生ける者ども」(『浄土三部経(上)』岩波文庫)となっているので、親鸞の読み方は原文とも齟齬をきたしていない。

第二点目の親鸞独自の読み方は、「信心歓喜、乃至一念、至心回向」にも見られる。親鸞は、「至心回向」を従来のように、衆生(われわれ人間)が「至心に回向して」と読まずに、主語を阿弥陀仏と捉え、阿弥陀仏が衆生に対して差し向ける「他力回向」として捉えた。その立場に立って、「至心回向したまえり」と読んだのである。親鸞においては、「至心《まことのこころ》」は、末法濁世において、人間の側には存在しない。これはすべての世界の数限りない仏がたが最高存在者としてほめたたえる、阿弥陀仏の側にしか存在しないがゆえに、仏の側から衆生に差し向けられるものなのである。

第三点目の親鸞独自の読み方は、「即得往生、住不退転」に関するものである。親鸞は「すなわち往生を得、不退転に住せん」と読み、「すなわち」を信心を得た時と捉え、最初の信心を得た時に、往生を得ると理解した。親鸞は自著『唯信鈔文意』において次のように「本願成就文」を捉えている。

「〈即得往生〉は、信心をうればすなわち往生すといふ、すなはち往生すといふは不退転に住するをいふ、不退転に住すといふはすなはち正定聚の位に定まるとのたまふ御のりなり、これを〈即得往生〉とは申すなり。〈即〉はすなはちといふ、すなはちといふはときをへず日をへだてぬをいふなり」（『浄土真宗聖典（註釈版）』本願寺出版社、七〇三頁）

信心を得れば、その時に二度と迷いの生き方には転落することはないと親鸞は主張する。親鸞は「信心歓喜、乃至一念」を、「阿弥陀仏よりたまわった信心を得て身も心も喜ぶ、その最初の信心がおこった時」を「一念」として捉えた。それは、『顕浄土真実教行証文類』の「信文類」の次のような〈信一念解〉に見ることができる。「それ真実の信楽《しんぎょう》を案ずるに、信楽に一念あり。一念とはこれ信心開発《しんじんかいほつ》の時剋《じこく》の極促《ごくそく》（信心が内から開けおこる最初の時）を顕し、広大難思の慶心（思いはかることができないほど広大な仏法をえた喜びの心）を彰すなり」。「一念」を「最初の信心がおこった時としての現世」と捉えるのは、次のようなサンスクリット文の対応箇所に則して見ても、矛盾はないどころか、むしろ親鸞の把握の方が、漢訳よりも正確であるといえる。

「……かの世尊・無量光（如来）の名を聞き、聞きおわって、たとえ（たった）一度だけの発心であっても、浄らかな信に伴われて、心の底から発心する生ける者どもは誰でも皆、この上ない正しい覚りから退かない位にいるのである……」（『浄土三部経（上）』六四頁、岩波文庫）

第四点目は、「往生」の捉え方である。親鸞は「往生」を「生死（迷いの人生）を送る自己」が命を終えて、新たな自己、すなわち「信心をえて、二度と迷いに転落しない主体的自己」へと生まれ変わることとして捉えた。親鸞は自著『愚禿鈔（上）』において、次のように述べている。

「本願を信受するは、前念命終（信心をえる前の自己中心主義的「私」は命を終える）なり。〈すなわち正定聚の数に入る〉（論註・上意）と。即得往生は後念即生なり。〈即のとき必定に入る〉（易行品）と。また「必定の菩薩と名づくるなり」（地相品・意）と」（『浄土真宗聖典（註釈版）』、五〇九～五一〇頁、一九九七年）

「往生」は、親鸞の思想においては「来世」の問題ではなく、「現世」の問題であることを、覚如は『口伝鈔』において、法然の言葉を用いて、次のように述べている。

「善恵房の体失して往生する（身体が滅んでから往生する）よしのぶるは、諸行往生の機（種々の善根を修め、その功徳を因として浄土に生まれようとする人々）なればなり。善信房（親鸞）の体失せずして往生するよし申さるるは、念仏往生の機なればなり。……念仏往生は仏の本願なり、諸行往生は本願にあらず。念仏往生には臨終の善悪を沙汰せず、至心信楽の帰命の一心、他力より定まるとき、即得往生住不退転の道理を善知識にあうて門持（本願を疑いなく聞き、心にたもつこと）する平生のきざみに治定するあひだ、この穢体亡失せずといえども、業事成弁すれば体失せずして往生すといはるるか」（『浄土真宗聖典（註釈版）』、八九七～八九八頁）

親鸞において往生とは、現世において信心を得て不退転の位に住することによって、過去の自己中心主義が命を終え、新たな主体的人間が誕生することと同義である。この根拠は『顕浄土真実教行証文類』の「信文類」における、次のような阿闍世《アジャセ》の回心に見ることができよう。

「……われ(阿闍世)いまいまだ死せずしてすでに天身（聖者の身）を得たり。命短きを捨てて長命を得、無常の身を捨てて常身を得たり。もろもろの衆生をして阿耨多羅三藐三菩提心《あのくたら・さんみゃくさんぼだいしん》（無上の真実なる完全なさとりの心）を発せしむ、と」（『浄土真宗聖典（註釈版）』、二八六頁）

提婆達多《ダイバダッタ》にそそのかされて父親である頻婆娑羅《ビンバシャラ》大王を殺した阿闍世は、王位について後に慚愧《ざんぎ》の念におそわれ、家臣の医師である耆婆《ギバ》の助言によって釈尊のもとへ赴く。阿闍世は釈尊の教えを聞くことによって、信心を得る。信心を得た阿闍世は、その時に現世において、かつての古き「自己」は命を終えて、新たな「自己」の誕生を自覚する。それが「いまだ死せずしてすでに天身をえた」ということであり、これが現世における往生の意味である。「信文類」におけるこの引用から見ても、親鸞は「往生」を現世において捉えていることは疑いない。

親鸞においては、「正定聚の位に住すること」、「不退転に住すること」、「往生すといふこと」、は同義であり、往生の条件は「信心を得ること」である。それは現世において生じる。「信心の定まるとき往生またさだまる」のである。では、親鸞において信心とはいかなるものであるのかが解き明かされねばならない。

2　親鸞における信心の意味

親鸞は次のように信心を得た人を弥勒《みろく》と同じであると主張する。「信心をえたるひとは、かならず正定聚の位（仏となる身に定まった位）に住するがゆゑに等正覚の位と申すなり。……その名こそかはりたれども、正定聚・等正覚は、ひとつこころ、ひとつ位なり。等正覚と申す位は、補《ふ》処《しょ》の弥勒とおなじ位なり。弥勒とおなじく、このたび無上覚にいたるべきゆゑに、弥勒におなじと説きたまへり」（『浄土真宗聖典（註釈版）』、七五八頁）

弥勒菩薩は、釈尊滅後五六億七〇〇〇万年後に仏となることが決定している存在者である。したがって、信心を得たものは「無限延長の未来」に、すなわちいのち終われば必ず仏となる（無上覚にいたる）ことが現世において決定しているわけであるから、弥勒菩薩と同じであることになる。信心を得たひとは、「この身こそあさましき不浄造悪の身」であっても、「心（信心の内容）はすでに如来（仏）とひとしければ、如来とひとし」と言えるのである。信心を得たひとは、仏となる身に定まったという意味では、弥勒菩薩と「おなじ」であり、その信心の内容は仏と「ひとし」いのである。

親鸞によれば、信心をえたひとは命終われば必ず仏となることが現世において決定しているから、この点では「弥勒」とおなじである。「信心のひとは、その心すでに浄土に居す」と述べているように、信心を得れば、心は浄土すなわち、無量光明土（真実世界）にいるがゆえに、浄土と現実世界の「二分化」はなく、一体化している。信心をえたひとが仏と「おなじ」でないのは、なぜか。それは、人間とは異なり、仏は内在的かつ超越的存在者であるからである。肉体をそなえたわれわれは、自己の生存のためには、動物であれ植物であれ、他のもののいのちを奪わなければならない。そのような存在として、われわれは規定されているがゆえに、この現実世界では仏になることはできない。仏と対置される人間は、信心を得て、命終わるまで人間としての完成を目指す道を歩まねばならない。信心をえたひとが仏と「おなじ」であるなら、自己満足と「さとり」が一体化し、自己前進を止めて、現状への満足が生じるからである。

「如来とひとし」というのは、煩悩（自己中心主義）に苦しめられているわれわれが、阿弥陀如来の智慧の光の照らされ、真実心、信心が生まれることによって生きる喜びがえられるが、それはこの真実心が阿弥陀如来の真実心、信心と「おなじ」ものであるからである。それであるが故に、仏となる身に定まった人々のなかまに入るのである。親鸞はこのような、仏よりたまわりたる信心の内容を次のように述べている。

「信心というは智なり。この智は、他力の光明に摂取せられまゐらせぬるゆゑにうるところの智なり。仏の光明も智なり。かるがゆゑに、おなじといふなり。おなじといふは、信心をひとしといふなり。歓喜地といふは、信心を歓喜するなり。わが信心を歓喜するゆゑにおなじといふなり」

(『浄土真宗聖典(註釈版)』「親鸞聖人御消息一三」、六六五〜六六六頁)

「弥陀のちかひは智慧にてましますゆゑに、信ずるこころの出でくるは、智慧のおこると知るべし」と述べているように、親鸞において、信心は智慧と同義である。では、智慧とはどのようなものであろうか。親鸞は『顕浄土真実教行証文類』の「証文類」において曇鸞《どんらん》(四七六年〜五四二年)の『浄土論註』を引用して、次のように述べている。

「進むを知りて退くを守を『智』といふ。空・無我を知るを『慧』といふ。智によるがゆゑに自楽を求めず。慧によるがゆゑに、わが心自身に貪着《とんじゃく》するを遠離《おんり》せり」(『浄土真宗聖典(註釈版)』三二七頁)

「智」というのは、進んで民衆を救うことを知って、自己中心主義に退かないように身を守ることである。また、現実世界はすべて因と縁の結合によって具体的形態をとるのであって、その両者の関係がなくなればそれは消滅するのであるから、現実世界には永遠不変の絶対的なるものは存在せず、すべてのものは相互関連の状態にある。だから、「この私」を絶対化するの誤りである。このことを理解することが「慧」の意味である。われわれが自己中心主義を離れ、他者救済の立場に立つことができるのは、この「智慧」の働きによるのである。『入出二門偈《にゅうしゅつにもんげ》』において、「無碍の光明は大慈悲なり。この光明は諸仏の智なり」と親鸞が述べているように、智慧と慈悲は同じものであり、慈悲は智慧の働きであるといえよう。すべての人々の苦をぬくのが「慈」であり、楽（不安からの解放）を与えるのが「悲」である。「智慧」という言葉は、古代インドのサンスクリット語プラジュニャー(prajña)の訳語である。ジュニャ（jña）は「知ること」を意味し、それにヴィ（vi＝外）をくっつけたヴィジュニャ（vijña）は「外を知ること」すなわち、「科学」「学問」を意味する。また、ジュニャにプラ（pra＝内）をくっつけたプラジュニャー（prajñā）は「アンタル・ドゥリシュティ」すなわち、（内〈面〉から見ること、内〈面〉を見ること）を意味する。プラジュニャーはジュニャーナと同じ言葉であり、ジュニャーナは人間に備わったものではなく、サラスワティー神（智慧を与える女神、弁才天）によって与えられるものである。そしてその与えられたものは、ジュニャーナ・チャクシュ（智眼）とよばれている。自己の内面を見ることは、煩悩という自己中心主義を本来的にもっている人間にとって不可能なことである。それは自己を越えた超越的・絶対的なる存在者によって照らし出されない限り不可能である。神から与えられた智慧によって、自己の内面を見ることは、自分ではとうてい認めがたい自己の問題点を知らされることであるがゆえに、自己を客観化することと同じことになる。

自己を客観化した時に見えるのは、自己が独立的絶対的実態ではなく、無数の他者との相互関連のなかに位置付けられていることである。あたかも、自分は身体を構成するひとつの臓器のような存在であって、①一器官としてのこの私は他の無数の器官が存在することによって生存し、②また一器官としての私の存在なしには他の器官も生存せず、③器官としての私は他の器官と異なった存在であるが、異なったそれぞれの器官が互いにつながり合ってひとつの身体を作り上げている、のである。このような智慧（プラジュニャー、ジュニャーナ）から導き出される概念がバクティ（bhakti）と呼ばれるものであり、日本語では「全体の部分、分かち合い、仕え奉仕すること、崇拝、信心」の意味にあたるものである。端的に言えば、「自他同一、他者理解」であろう。このような立場に立った時、人間は他者のために行動せずにはおれない。またその行動は、私心無き行動・見返りを求めない行動である。これがカルマ・ヨーガと呼ばれるものである。

したがって、「内からものごとを見る」という智慧のはたらきは、「自他同一、他者理解」を生み出し、さらに「自他同一、他者理解」は「見返を求めない他者救済の行動」を生み出す。この行動こそ、信心のもつ社会性である。すでに見たように、曇鸞が「智」を「他者救済」と結合させたのは、サンスクリットのプラジュニャーのもつ本来の意味とも一致している。

3　信心獲得のプロセス

信心はどのようにして得られるのであろうか。それは基本的には、自己に課せられた現実を受け止め、それから目を背けることなく、仏法（真実）を自己の導きとし、真実と一体化することによってである。この視点は、釈尊以来、変わらぬものである。

自己に課せられた現実を受け止めるということは何を意味するのであろうか。『浄土真実教行証文類』の「信文類・逆謗摂取釈」においては、父親である頻婆沙羅王を殺害させたことによって苦悩する阿闍世に対して、六人の家臣の意見が述べられている。それらの意見はいずれも殺害を犯したことは罪にならないという点で一致している。この殺害合理化論には、①価値観に関するものと、②宗教的真理（真諦）と世俗的真理（俗諦）の関係に関わるものとに分類される。

①については、三つの見解がある。第一の見解は、倫理的・宗教的価値観の存在自体の否定で

ある。一人の家臣は、殺人を犯しても問題がないことを阿闍世に次のように述べている。「行為そのものに善悪はない。したがって、地獄もなく、地獄に落ちることもない。実際に自分の父親を殺しても、現実に地獄に落ちることなく、立派に政治を行っている王もいる」。二つ目の見解は、哲学的論理学的な「殺人合理化論」である。二人目の家臣は、人を殺すことは特別意味をもたないことを次のように述べている。「もし、不滅の存在というものがあるなら、殺しても死ぬことはない。またすべてのものが不滅でないなら、すべては滅んでしまう。だから、殺すということも、特別な意味をもたない」。三つ目の見解は、「原因・結果内在論」である。これも家臣の次の言葉に見ることができる。「先王である頻婆沙羅王は自己のつくった原因によって、自ら死すべき身であった。だからそれ以外の原因によって殺しても、非難されるべきではない」。したがって、阿闍世が犯した行為は「外的殺人」であるがゆえに、その罪を問われることはないことになる。これらはいずれも、いかなる倫理的・論理的な視点も、殺人を非難する妥当性と必然性をもたないという共通点をもっている。

②についての見解は、宗教的真理と世俗的真理の分離論である。家臣の一人は次のように言う。「出家者は虫一匹殺すこともできないが、政治の世界においては許される」。宗教のみに適用される「不殺生」を政治の世界に押しつけることは、無意味であり筋違いということになる。

これらの殺人合理化に共通なのは、「殺人という事実」を自己の苦悩の問題として主体的に捉えていない点である。したがって、阿闍世はこれらの見解によって、心はなごむことはなかったのである。しかし、家臣の中で、医師である耆婆は、他の家臣たちと異なって、阿闍世の苦悩を受け止め、それを肯定し、その苦悩が慚愧の心によって生まれたものであることを次のように述べている。

「王さま（阿闍世）は罪をつくりましたが、深く後悔して慚愧《ざんぎ》の心をいだいておられます。王さま、仏がたは常につぎのように説いておられます。二つの清らかな法があって、衆生を救うことができます。その法とは、一つには慚であり、二つには愧であります。慚とは自分が二度と罪をつくらないことであり、愧とは人に罪をつくらせないことです。また慚とは心に自らの罪を恥じることであり、愧とは人に自らの罪を告白して恥じることです。また慚とは人に対して恥じることであり、愧とは天に対して恥じることです。これを慚愧といいます。慚愧のないものは人とは呼ばず、畜生と呼びます」（『顕浄土真実教行証文類（現代語版）』本願寺出版社、二七六～二七七頁）

耆婆は、罪をつくっても慚愧のこころ（罪を恥じ、他人にも罪をつくらせない心）が存在すれば、救われる道がひらけるというのである。慚愧という言葉の「慚」は自己の客体化によって、自己の醜い姿が客観的に見え、そのことによって、自らの罪が自覚され、その罪を恥じて二度と罪をつくらなくなることである。ここには自己意識の変革が基軸になる。「愧」は「慚」の自己意識変革によって、他者に対して行動することである。それは他人に罪をつくらせず、自己の罪を他者に告白して恥じることである。恥じる対象は「慚」の場合は人であり、「愧」の場合は超越者である。このような意識変革及びそれと一体化した他者への働きかけを自分自身ではおこなうことは、不可能である。阿闍世の場合は耆婆にあうことによって自己意識変革に向かう機会がえられたのである。自己に課せられた「殺人」という問題から逃避しなかったからこそ、阿闍世は耆婆の話を聴くことができたのである。阿闍世は耆婆の話を聴くことによって、自己客体化の出発点に立つが、そのことによって自動的に自己変革をとげることは不可能である。なぜなら、自己客観化を阻む「自己中心主義」(煩悩)が存在しているからである。それを克服するためには、超越的存在者による智慧の光に照らされ、つつまれることによって自己の本質的な醜さ・悪が見えることが必要である。阿闍世は耆婆の勧めにしたがって、釈尊のもとへ赴くが、そこには現実から決して逃げない彼の自己決断があったからなのである。

阿闍世は釈尊から、自分の犯した行為は「貪欲による錯乱」に基づくものであるが故に罪とはならないという話を聴く。その際、重要なのは「慚愧の心」があるかどうかである。阿闍世には「慚愧の心」が存在していたため、釈尊の話を聞いて、回心することができうるのである。阿闍世は次のように述べている。

「世尊(釈尊)、世間では、伊欄《いらん》の種からは悪臭を放つ伊欄の樹が生えます。伊欄の種から芳香を放つ栴壇《せんだん》の樹が生えるのを見たことはありません。わたしは今はじめて伊欄の種から栴壇の樹が生えるのを見ました。伊欄の種とはわたしのことであり、栴壇の樹とはわたしの心におこった無根《むこん》の信であります。無根とは、わたしは今まで如来をあつく敬うこともなく、法宝《ほうぼう》や僧宝《そうぼう》を信じたこともなかったので、それを無根というのであります。……わたしは今、仏を見たてまつりました。そこで仏が得られた功徳を見たてまつって、衆生の煩悩を断ち悪い心を破りたいと思います。世尊、もしわたしが、間違いなく衆生のさまざまな悪い心を破ることができるなら、わたしは、常に無間地《むけんじ》獄《ごく》にあって、はかり知れない長い間、あらゆる人々のために苦悩を受けることになっても、それを苦しみとはいたしません」(『顕浄土真実教行証文類(現代語版)』本願寺出版社、二九五～二九六頁)

阿闍世は仏(阿弥陀仏)を見ること、すなわち「光明に摂取されている(阿弥陀仏の智慧の光につつまれ、すてられることなく、おさめとられている)自己を見る」(『親鸞と浄土』星野元豊著、三一書房)ことによって、この身は「穢土《えど》(煩悩でけがれた、衆生が住む場所)」にありながら、自己が阿弥陀仏と平等無差別であることを主体的に知ったのである。これは、阿闍世の力によって起こされたものではない。智慧の光に照らされることによって、自己を悪臭を放つ「伊欄の樹」すなわち、「悪のかたまり」と捉えるにいたった阿闍世にとって、自己が生み出すものは、悪しかないことが明確にわかったのである。自分が「悪のかたまり」であるということがわかることは、自分を悪であることをわからせる真実なるものが新たに自分のなかに生まれたからにほかならない。彼は自分には存在せず、自分に与えられたものとして自分の悪をわからせたものを、「自分に根拠の無い信」すなわち、「無根の信」と呼んだのである。この信は、本来自分にはなかったものであるがゆえに、「あたえられたもの」としてしか名付けようのないものであるが、それは同時に自分のものとなったものでもある。彼は自分には存在せず、自分に与えられたものとして、その変化をもたらしたものを「無根の信」と呼んだのである。これこそが、阿弥陀仏によって自分に差し向けられた真実信心である。

「無根の信」を阿闍世は香木である栴檀に譬えている。ちょうど、悪臭を放つ羊肉がスパイスを使うことによって、美味しい「カバブ」(中近東の代表的な肉料理)に変わるようなものである。すなわち、スパイスによって、悪臭が芳香に変化するのである。この状態になった「カバブ」がもう一度、臭い羊肉に戻ることがありえないように、信心をえた阿闍世は二度とかつての自分には戻らないのである。阿闍世の慚愧の心は、彼が生み出したものではなく、現実から逃げることなく苦悩することによって生まれたものである。しかしながら、その心も阿弥陀仏によって与えられたとしか言いようのないものである。なぜなら、殺人を犯した阿闍世に自己を振り返り、自己の悪の自覚が生まれるはずはないからである。阿闍世は釈尊との出会いによって、慚愧の心は明確な信心へと発展する。光明に包まれることによって、その慚愧の心が自分にとって現実的主体的なものとなったのである。救われない自分が救われるという確信、救われない自分（罪深き自分）の自覚とその自分が救われるという喜びという相矛盾しあうものが同居する状態が信心をえた状態なのである。

彼が衆生救済のため命を投げ打つ決意をのべたのは、彼の信心と仏の信心が同一のものであるがゆえに、大乗仏教基本的精神である「願作仏心は度衆生心」、すなわち「さとりをひらいて仏となろうとする心そのものが、他者を救おうという心と一体化すること」が可能となるのである。

阿闍世は信心をえることによって、現実世界において「弥勒とおなじ」であり「如来とひとしい存在者となる。親鸞によれば、信心をえたひとは命終われば必ず仏となることが現世において決定しているから、この点では弥勒菩薩と「おなじ」である。そして、そのこころは常に浄土（真実世界）にあるがゆえに、信心の内容においては仏（阿弥陀仏）と「ひとし」いのである。信心をえたひとが仏と「おなじ」ではない。なぜなら、仏は内在的かつ超越的存在者であるからである。信心をえたひとが仏と「おなじ」であるならば超越的存在者は否定され、自己満足と「さとり」とが一体化してしまうからである。この一体化をさけるためには、超越者の存在が前提されねばならない。これによって、常に信心をえたひとが現状に甘んじることなく、人間としての自己完成に向かって前進し続けることができるのである。

信心をえた状態にあるひとは、二度と過去のような煩悩に振り回される生き方に戻ることはありえない。それだけにとどまらず、こんどは積極的に現実世界においてひとびとを真実に向かわせる働きを行うのである。なぜなら、信心をえたひとは、その心が常に浄土（真実世界）に存在するわけであるから、喜んで他者救済を行わずにはおれないからだ。したがって、信心をえた阿闍世が次のように他者救済を言ったのは不思議なことではない。「世尊、もしわたしが間違いなく衆生のさまざまな悪い心を破ることができるなら、わたしは、常に無間地獄にあって、はかり知れない長い間、あらゆる人々のために苦悩を受けることになっても、それを苦しみとはいたしません」（二九六頁）。

信心をえた阿闍世は耆婆に次のように言う。

「耆婆よ、わたしは命終わることなくすでに清らかな身となることができた。短い命を捨てて長い命を得、無常のみを捨てて不滅の身を得た。そしてまた、多くの人々に無上菩提心をおこさせたのである」（二九七頁）。

阿闍世は信心を得ることによって、「体失」することなく（死ぬことなく）この現実世界・現世において、罪を犯した人生は命を終え、新しい真実に満ちあふれた人生を送ることの誕生、すなわち「往生」が実現したのである。信心を得ることによって、生きながらにして浄土を見た、すなわちまだ見ぬ真実世界を見た、超越的真実世界が時間空間突き破ってこの現実世界に現れたのを見たことによって、現世において「還相《げんそう》の菩薩」として他者救済に向かうことができるのである。

4　信心の社会性

他者救済の主体化にかかわる課題は、『仏説無量寿経』における法蔵菩薩の四八の誓願中、特に第五～第十一番目の誓願に見ることができる。これらは六神通《ろくじんずう》と呼ばれるものを得ようという誓願である。その一つは「宿命通《しゅくみょうつう》」であり、それは歴史的過去を知り抜くことであり、ものごとを歴史的に見るという視点、科学的歴史的分析の視点である。過去に目を閉ざすものは、未来への展望は生まれない。二つ目は「天眼通《てんげんつう》」であり、それは真実を見抜く眼、普通の眼には見えないもの、見過ごしてしまうものを見抜く眼をもつことである。三つ目は「天耳通《てんにつう》」であり、それは真実を聞く耳をもち、聞いた内容を記憶することを意味する。普通の耳には聞こえないもの、弱者の悲しみと怒りの声、声にならない声を聞くことを意味する。四つめは「他心通《たしんつう》」であり、これは他者の心を見抜く智をもつことである。この心があれば、世界中の抑圧された人々の心を知りつくすことができる。そうなれば、そこへ行ってそれらの人々を助けようと、すぐさま行動するのは当然である。これが五つめの「神足通《じんそくつう》」であり、一瞬のうちにどこへでも行ける足をもつことである。これらのことを行うためには自己中心主義から解放されていることが必要である。それが六つめの「漏尽通《ろじんずう》」であり、それはすべての執着心から解放されることを意味する。

「願作仏心(仏になろうとする心)」と「度衆生心（衆生を救済しようとする心）」の一体化を掲げる大乗仏教は、その根幹には本来的に社会性が存在する。なぜなら衆生は現実の社会政治の中で苦悩しているからである。この現実の社会政治の外に「すくい」は存在しない。親鸞は『正信偈』において、「惑染の凡夫、信心発すれば、生死すなわち涅槃なりと証知せしむ」と述べているように、煩悩にさいなまれているわれわれも、信心がはなひらけば、現実の苦悩に満ちた社会生活の中にそれを突き破る真実さとりの道筋が見えてくるのである。そのような信心をえたものが、衆生救済を行うのに必要とされるのが、六神通である。これらの六神通は社会・政治と切り離された思弁によっては、得られない。六神通をえるためには信心自体がその思弁の枠を越えることが必要であり、そのためには現実社会に身をおき、先入観を排除した社会科学を身につけることが必要ではある。しかしながら、社会科学を身につければ、自動的に他者救済が可能となるというわけではない。では、「願作仏心」と「度衆生心」の統一はいかにして可能となるのであろうか。この統一に至る過程には、「真実がわかったから、もうこれ以上何もすることはない」と思いこんで、その位置に「安住」してしまう危険性が生じる。ここからの脱皮について、親鸞は『顕浄土真実教行証文類』の「証文類」において、次のように述べている。

「菩薩が七地においてすべては本来、空《くう》であると知ると、上に向かっては求めるべき仏のさとりもなく、下に向かっては救済すべき衆生もないと考える。そして以後の仏道修業を捨ててその境地に安住してしまおうとする。そのときに、もしすべての世界の仏がたがすぐれた力で励ましてくださらなければ、そのまま自分だけのさとりに閉じこもって、声門や縁覚（自己のさとりのみをえることに専念して、他者救済を行わない人）と同じになってしまう。菩薩が浄土に往生して阿弥陀仏を見たてまつると、このような恐れはないであろう」（『顕浄土真実教行証文類（現代語版）』三四四〜三四五頁）

菩薩（仏道修業者）が仏となるためには、初地から十地までの一段階を踏まねばならないといわれている。初地から七地までの菩薩は「未証浄心《みしょうじょうしん》の菩薩」と呼ばれ、「自己のさとり」と「他者救済」の活動、「自利利他」の活動に強い意志力が必要である。なぜなら煩悩の「習気《じっけ》」と呼ばれるもの、すなわち「自己中心主義の習性」が存在しているからである。（「習気」とは、サンスクリット語やヒンディー語で「心に〈残っている〉印象」を意味するvāsanāの訳語である)。しかし、八地以上の菩薩は一切のとらわれをはなれて、自在に自利利他の活動ができるがゆえに「証浄心の菩薩」となる。七地の菩薩が八地の菩薩になり得た時、仏と「ひとし」くなるのである。これは正定聚の位にいる人々の他者救済活動の姿である。

八地にいたるためには、「世界の仏がたのすぐれた力による勧め・励まし」が必要であると述べられているが、これは他者からの働きかけ、他者との共同活動、すなわち社会的実践の中に存在する真実を主体的に受け止めることの必要性である。われわれが自己中心主義の塊であることを自覚せられるのは、閉鎖的思弁の世界においてではなく、自らが関与する社会的活動の分野である。北畠知量師が『真宗の教化と実践』(法蔵館)所収の論文「真宗人の社会的関与考」で述べられているように、人間は社会活動の中でこそ、自己中心主義・我執の深さ、「自力的自己の限界」が思い知らされるのである。これを可能にするのが、社会活動の中にある諸仏の真実の呼び声なのである。それが諸仏の呼び声であるがゆえに、現状における安住からの脱却の決断が可能となるのである。人間は現実世界の中に身を置き、社会的実践活動に関わりをもつことによって、自己の我執の深さを知り、他者からの働きかけの中に存在する真実を受けとめ、自己脱皮の決断ができるのである。

このような社会的実践活動を媒介にした自己脱却が腹の底におちたことを思想的に表現したも

のが「仏を見たてまつる」ことなのである。私自身の「さとり」と思われていたものが、実は単なる自己中心主義的幻想であったことを自覚させたのは超越的存在であり、その超越者が私とこの現実世界において一体となっているという信心体験が、「仏を見たてまつる」という表現である。

かくして、社会的実践活動を媒介として「自己中心主義からの脱却」が可能となったとき、「さとりを得ようとする心」と「衆生を救おうとする心」が一体化する。親鸞は「往還の回向は他力による」と述べているように、往相（さとりの獲得）と還相（衆生救済の実現）は阿弥陀仏によって与えられるはたらき（回向）なのである。正定聚の位に定まった人（真実信心をえたひと）は、命終わることなく往生しているがゆえに、その人は命終わることなく衆生救済の活動が可能なのである。親鸞は次のように述べている。

「還相の回向ととくことは／利他教化の果をえしめ／すなわち諸有(諸々の民衆）に回入（めぐり入ること）して／普賢（仏の慈悲の極限）の徳を修するなり」

この「往相」と「還相」という二つのはたらきの統一が仏となるための道筋なのである。

親鸞においては、信心を得れば「往生」するわけであるから、「往生」は命終が前提とはならず、現世において可能である。また他者救済も、信心を得れば、「その(人の)心はすでにつねに浄土に居す」、すなわち命終わることなく浄土を見ているわけであるから、「浄土」から「穢土(現実世界)」

へ還って他者救済を行う菩薩の活動は、命終が前提とはならず、現世において可能である。この両者の統一は、社会的実践活動が媒介とならなければ成立しないという考え方は、理にかなっている。このような社会的実践活動への関与をへて、「六神通」が現実的力を発揮できるのである。

5　信心の対象者としての民衆と信心のもつ反権力性

阿弥陀仏の救いの対象はすべての人々であって、貧しき人も富める人も、才能ある人もそうでない人も、よき人も悪人も区別することはない。ただし条件がひとつある。それは「回心」であり、その意味するところは煩悩の深さに気づき、自己中心主義が真実心へと転ぜられることである。それは金剛の信心が起こることによって可能となる。親鸞は『唯信鈔文意』において次のように述べている。

「……みづからが身をよしとおもうこころをすて、身をたのまず、あしきこころをかえりみず、ひとすぢに具縛の凡愚・屠沽《とこ》の下類《げるい》、無碍光仏の不可思議の本願、広大智慧の名号を信楽《しんぎょう》（阿弥陀仏の「念仏申しなさい。あなたを救います」という呼び声を疑いのない心で受け止めること）すれば、煩悩を具足しながら無上大涅槃（このうえないさとりの境地）にいたるなり」（『浄土真宗

聖典（註釈版）』七〇七頁）

しかしながら、富と権力をもつ人にとって「身をよしとおもうこころ(自己中心主義)」を捨てることは困難である。なぜなら、彼らは塔や寺を建てたりすること(作善)によって、自己の民衆抑圧・収奪の行為の免罪と自己の行為の権威付けとして、仏の後ろ盾を得ようとする。このような人々が、深い罪の意識を感じること、自己の行為を客観的に捉えることは不可能である。なぜならそれは現在の自分の富と権力を放棄することになるからである。したがって、権力者にとっての仏とは、自己のすべての行為、自己中心主義を認め、守ってくれる存在、自己の階級的本質の客体化としての仏である。それは現実には「外道」であり、自己のエゴイズムとしての仏である。

他方、民衆は「身をよしとおもうこころをすて」ることは可能である。社会の底辺に位置付けられた人々は、難行苦行を行ったり、寺や塔を建てるなどの行為によって、仏に近づくことなどは、自らの生活がそれを許さない。自ら仏に近づけない彼らにとって、身をわずらわされ、心を惑わされている自分は、どうしようもない存在なのだという自覚は、きっかけさえあれば生まれ得る。そのきっかけは阿弥陀仏が与えてくれるのである。親鸞は自らも、「われら」という民衆の一人としての自覚の立場に立って、次のように述べている。

「『能令瓦礫変成金《のうりょう・がりゃく・へんじょうこん》』といふは、『能』はよくといふ、『令』はせしむといふ、『瓦』はかはらといふ、

『礫』はつぶて（小石）といふ。『変成金』は、『変成』はかへなすといふ、『金』はこがねといふ。かはら・つぶてをこがねにかへなさしめんがごとしとたとへたまへるなり。れふし（猟師・漁師）・あき人（いろいろなものを売買するもの）、さまざまのものは、みな、いし（石）・かはら（瓦）・つぶて（小石）のごとくなるわれらなり。如来の御ちかひをふたごころなく（疑いの心なく）信楽すれば、摂取のひかりのなかにをさめとられまゐらせて、かならず大涅槃のさとりをひらかしめたまふは、すなわちれふし、あき人などは、いし・かはら・つぶてなんどを、よくこがねとなさしめんがごとしとたとへたまへるなり。摂取のひかりと申すは、阿弥陀仏の御こころにをさめとりたまふゆゑなり」（七〇八頁）

阿弥陀仏の願いは「瓦礫」を黄金に変えることである。「瓦礫」とは、権力者から無視された「いし、かはら、つぶてのごとくなるわれら」、すなわち、社会的底辺に位置付けられた人々であり、その中には、生き物の命を奪う「れうし」、仕入れた品物に自己の利潤を上乗せして、相手を騙す「あき人」、収穫物を得るためには虫や雑草のいのちを殺さざるを得ない農民などの「下類」と呼ばれる圧倒的多数の人々が存在する。これらの人々を「黄金に変える」というのは、平等かつ最高の存在者へと変革することである。阿弥陀仏にとっては、社会的底辺にいる人々こそ、真実を見る眼をもち、あらゆる妨害をものともせず主体的に人生を生き抜く存在者へと生まれ変えさせる存在者なのである。このような自覚をえること、社会の中に位置付けられた自己が見え、世俗の法は不変のものではないことが見えることが、信心（智慧）をたまわることの意味である。これは底辺に位置付けられた人々にこそ、もっともえやすいものである。なぜなら、彼らの生活自体が、これ以外の選択枝をもたないからである。

かくして、信心は民衆の自立化と主体化を促すものとなる。このことに対して最も恐怖心を抱くのは権力の側にいる人々である。阿弥陀仏は、「救われないあたたを救いましょう。お念仏を称えなさい」と呼びかける。その呼び声が腹の底に落ちた時、口から「南無阿弥陀仏」が現れ出る。この「南無阿弥陀仏」は、阿弥陀仏より与えられたものであると同時に、私のものでもある。「南無」とは、「帰依する」「よりどころを求める」「頭が下がる」という意味である。「阿弥陀仏」とは「智慧」と「慈悲」において限りない存在者である。その存在者を自己の最終的よりどころとすることが俯に落ちたとき、その喜びが口から「南無阿弥陀仏」となって現れ出でる。「信心」と「名号をとなえること(念仏)」は一体のものである。なぜなら、親鸞によれば「弥陀の本願と申すは、名号をとなへんものをば極楽へ迎へんと誓はせたまひたるを、深く信じてとなふるがめでたきこと」であるからだ。信心があれば、念仏は必ず口から現れ出でるものなのである。

このような自立的主体的念仏者集団を好ましく思わぬ権力者たちは、弾圧を行う。親鸞は八〇歳を越えてからも、念仏弾圧を体験している。それは親鸞の次のような書簡に見ることができる。

「さては、念仏のあひだのことによりて（念仏に関わる問題であるが）、ところせきやうに（大変困っているおられるように）うけたまはり候ふ。……念仏をさへらるなんど申さんことに（念仏がさまたげられることなどは）、ともかくなげきおぼしめすべからず候ふ。念仏とどめんひとこそ（念仏を禁止しようとする人こそ）、いかにもなり候はめ、申したまふひとは、なにかくるしく候ふべき。余のひとびと（在地権力者）を縁として、念仏をひろめんと、はからひあはせたまふこと、ゆめゆめあるべからず候ふ」（七七二頁）

念仏は人間の自立と主体化に関わるものであるがゆえに、権力者はそれを弾圧するのは彼らの階級的本質であること親鸞は見抜いている。仏教たるものは人間としての自立と主体化の完成をめざして進み行く道であるがゆえに、特に末法の世においては国家権力と対決しなければならない運命を本質的に担っている。したがって権力者に依拠して念仏を広めようとすることは、人間の自立と主体性の放棄となるがゆえに、仏法の基本精神に反することになるから許されない。これをかなぐり捨てて、「余の人を強縁として（権力者にすがって）」念仏を広めようとした、わが子慈信坊（善鸞）を念仏集団から除名処分にしたのも当然であった。

ここに、体験を通じて理論的に確立された明確な親鸞の階級的視点を見ることができよう。

第三章

浄土真宗における原点回帰運動

——能登半島珠洲市における反原発運動

1 浄土真宗と社会変革運動の結合

親鸞の説く人間の社会的精神的解放の思想は、一五世紀において具体的な社会変革の力となって現れる。荘園制が崩壊し、惣村（地縁的村落共同体）が形成される一五世紀において生産力の増大と商品経済の浸透の中で生活を送っている中小名主、作人等の自立的農民たちが自己の利益を守るためには、政治権力との対抗は不可避であった。そのためには、生産活動に従事する彼ら自らの連帯を可能にする思想が必要であった。それは、世俗的権力の絶対化を拒否し、恐れ怯えることなく人間の平等性と、現世における自己確立と生きる喜びを与え、生産活動の奨励・他者への働きかけ、現世と来世の結合をはかるものでなければならなかった。それらを満たすものが親鸞の思想、すなわち「即得往生住不退転」、「現生正定聚」の思想であった。その思想は、現世にありつつ現世を越える、まさに共同体を律する極めて優れたものであった。それが「仏法領」の理想であった。この点ではその思想は世俗の論理・規律の絶対化を越えて、共同体を存立させる優位性をもつものであった。この思想は、惣村のみならず、自治都市である寺内町においても同じ役割を果たした。

このような思想と惣村・寺内町を結合させる主要な役割を果たしたのが、本願寺であった。本願寺は、惣村が形成される時期に、西日本を中心として村々に、親鸞の時代からの布教活動の原則を踏まえて、多数の人々が寄り集まって真宗信心を語り合う「講《こう》」を組織し、人間の社会的精神的解放の思想を定着させた。事実、一四七四年から一五七八年まで続いた一向一揆のエネルギーは、惣村と真宗信心の結合にある。本願寺の蓮如は一向一揆の起きる二年前の一四七二年に次のように門徒に語っている。

「守護・地頭方にむきても、われは信心をえたりといひて粗略の儀なく、いよいよ公事《くじ》（＝年貢以外の負担）をまつたくすべし」（『御文章』二帳六）

ここには、真宗門徒が親鸞の思想を受け止めて主体的人間となり、蓮如が危険性を感じるほども守護・地頭に対して、真宗門徒が連帯し明確に敵対的態度をとり始めたことが読み取れる。蓮如が文明三年（一四七一年）に近江から越前吉崎に赴いて以来、吉崎を含む越前の坂井郡では、二一〇カ寺中一一八ケ寺、八〇％以上が浄土真宗寺院となっているほども、大きな勢力となっていた。

このようなエネルギーは一八世紀においても、石見市木《いちき》における真宗門徒の「神棚拒否運動」に見られるように、決して絶えることはなく、明治初期の廃仏毀釈と一体となった、民衆生活無視の「西欧型近代化」の強行に抗する、三河(参加者数三、〇〇〇人)、越前(参加者数一〇、〇〇〇人)、信越地域の真宗一揆にも見ることができる。しかしながら、これらの一揆に込められた真宗の合理主義と抵抗精神は、真宗教団が天皇制に搦め捕られて行く中で、窒息させられ、最終的にはアジア・太平洋戦争につながる侵略戦争のイデオロギー的役割を担うことになるのである。

このような浄土真宗を本来の姿に戻そうとする具体化は「戦後五〇年」の総括を通じて現れ始めた。これらの運動のひとつに位置付けられるのが、一向一揆の伝統を持つ能登半島の珠洲市における反原発運動である。

2　珠洲市における反原発運動と浄土真宗

一九七〇年代以降に見られる南アフリカ、イラン、ラテンアメリカ、フィリピン、インドなどの地域に見られる社会政治変革運動と宗教との結合の例は日本においても見ることができる。その典型の一つは、一九七〇年代の「過疎」地域、能登半島珠洲市における「開発」としての原子力発電所立地に対する反対運動に見ることができる。

一九七五年、珠洲市と市議会は原発誘致を決定し、翌七六年には関西電力、北陸電力、中部電力の三社は珠洲原発構想を発表した。同年三月から高屋町と三崎町で、原発立地予備調査のためのボーリングが始まったが、その目的は一部の者を除いて誰も知らなかった。二年後その目的がわかり、臨時町民大会が開かれ原発阻止の決議がなされた。一九八九年、民衆の原発反対運動によって、立地調査は中断した。また、一九九三年の市長選挙では、原発推進派が小差で反原発候補を破ったものの、「朝日新聞」（一九九三年四月二一日付）は、「原発立地の信任」という点では、推進派候補は負けたのではないか、と報じている。能登半島地域には一五世紀以来、浄土真宗が根づいており、珠洲市では住民の2／3が真宗大谷派の門徒であり、僧侶への信頼は篤いと言われている。真宗大谷派の僧侶たちは、組織的に反原発の活動を展開した。珠洲市の真宗大谷派圓龍寺住職塚本眞如師は次のように述べている。

「この一連の選挙をとおして大谷派の力というの大きかったと思う。能登教区第十組と坊守会（住職の妻の会）も原発反対決議をしたよね。これに対する世論は、『なんで坊さんが政治の世界に首をつっ込むのやろう』という見方よね。それまでは、原発の問題というのは政治の問題として捉えとったんやと思う。それを、『いのちの問題』と言い出したのが、一つの驚きであったと思う。愛媛玉串訴訟の場合もそうだったけども、ある意味では、坊さんがこぞって表だって選挙運動をするというのは初めてやろうな。こんな面で坊さんは動いているんだな、と気づいた人もおったと思うよ。このことが、いのちの運動なんやと受け取った人も沢山いると思う」(『いのちを奪う原発』、一〇九頁、東本願寺出版部、二〇〇二年)

ここには、トータルな人間のあり方、人間が人間であるためには何を基軸に考え、何をしなければならないのか、という立場が鮮明に見られる。この立場に立つ時、宗教の問題は「心の問題」に限定されるされるものではなく、社会政治と一体のものであることがわかり、人間から人間を奪おうとする原発批判の原理としての浄土(真実世界)の主体的把握によって、人間を「外道」化する原発と闘う道筋が現れるのである。この道筋をともに歩むことが「いのちの運動」なのである。

原発立地の条件は三つあると言われている。それは、①強固な地盤、②広大な敷地、③住民合意である(『いのちを奪う原発』東本願寺出版部、九頁)。「強固な地盤」がなければ、原発施設を建築することができないため、当然のことながら最も重要な条件になる。しかし、「強固な地盤」があっても、その場所が人口密集地帯であれば、買収自体が不可能である。したがって、「広大な敷地」が得られるのは、「過疎地域」ということになる。「過疎地域」を引き起こしたものは地域住民ではなく、農業漁業切り捨ての犠牲による工業化という国家政策にほかならない。原発立地は「過疎地域」の開発と称して、弱みにつけこんで「広大な敷地」を手に入れることによって、その第一歩を歩む。ところが、「住民合意」という壁が立ちはだかる。この問題を解決するためには、最終的には「地域住民の心」を買い取らねばならない。逆に、「地域住民の心」を買い取ることができなければ、原発立地は不可能となる。したがって、原発反対運動は、原発による地域開発の真のねらいと原発という名の「ジェノサイド」の本質を科学的に明らかにすると同時に、「買い取られない心」をどう確立するかが中心課題となる。この課題は人間としての生き方、価値観にかかわるものである。このよりどころとなるのが、長きにわたって地域の生活に根づいている宗教である。日本の宗教の中で、地域の民衆の生活にもっとも根づいているのが浄土真宗であり、能登半島はその浄土真宗地帯であった。

しかしながら、浄土真宗教団は明治以後、天皇制への屈服と積極的協力によって一三世紀の親鸞の時代や、一五世紀の自治都市真宗寺内町に見られるような、人間の自立と解放の力を失っていた。原発反対運動を展開するためには当然のことながら、浄土真宗の原点回帰による再構築が必要であった。

3　浄土真宗における戦争協力責任と懺悔

真宗大谷派の僧侶たちが反原発運動に参加した教学的理由は、真宗教団の戦争荷担責任の懺悔《さんげ》の現代化であろう。真宗大谷派はアジア太平洋戦争への荷担を次のように懺悔している。

「……過去の罪障を懺悔するというは、すぐる大戦においてわれらの宗門が『強きものは弱きものを伏す。転《うた》た相剋賊《あいこくぞく》し殘害殺戮《ざんがいせつろく》して迭《たが》いに呑噬《どんぜい》（蛇のごとく呑み、狼のごとくかむこと）す』という第一の悪に荷担し、それを『聖戦』と呼び、『まったくおおせにてなきことをも、おおせとのみもうす』罪を犯したことであります。実に、五逆謗法の咎《つみ》逃れがたく、今更めて全戦没者の悲しみを憶念しつつ、ここに真宗大谷派が無批判に戦争に荷担した罪を表明し、過去の罪障を懺悔いたします」（真宗大谷派全戦没者追弔法会「表白」、一九九〇年四月二日）

翌年には、浄土真宗本願寺派においても、同様な次のような懺悔がなされている。

「……この五〇回忌を迎えるにあたって、宗門は第二次世界大戦において戦禍に倒れた人々、原爆被災者あるいは戦争によっていまなお後遺症に苦しむ人々に、怨親平等の立場から追悼援助の手を差し伸べる責務がある。また、戦前・戦中を通じて、軍部を中心とした国家の圧力があったとはいえ、結果的に戦争に協力したこと、また教学的にも真俗二諦論を巧みに利用することによって、浄土真宗の本質を見失わせた事実も、仏祖に対して深く懺悔しなければならない」（本願寺派宗会決議、一九九一年二月二七日）

東西本願寺教団の懺悔からは、教団として戦争へ無批判に荷担したこと、戦争への協力が宗教理論としての真俗二諦論《しんぞくにたいろん》にあったこと、そしてそれらの行為は親鸞の主張に反するものであり、自己の犯した罪の懺悔を行うという決意が読み取れる。

浄土真宗教団が戦争に荷担した思想的根拠は真俗二諦論にある。真俗二諦論は、精神的・宗教的世界と社会政治的世界の分割を行い、前者に関する認識を真諦と呼び、後者に関する認識を俗諦と呼ぶ。この考え方の最大の問題点は、宗教を精神世界のみに限定し、社会政治の問題には宗教は批判を行わないという点である。しかしながら、真諦と俗諦の関係は「相依相資」といわれるように、両者は「あい補いあう関係」でなければならない。実際に、この関係を実現するためには、どちらか一方が他方に迎合するか、それとも両者とも他者を必要不可欠のものとして、互いに他者を利用するかのいずれかである。真宗大谷派は一八七一年（明治四年）に、浄土真宗本願寺派は一八八六年（明治一九年）に、教団の憲法にあたる「宗憲」・「宗制」を公布し浄土真宗の教えの中心として、この「真俗二諦」を明記した。親鸞には存在しない「真俗二諦」を浄土真宗の教えの要とするかぎり、天皇（天皇に体現される国家）と阿弥陀仏の一体化、天皇制への屈服の方向は必然である。現実に、かつて真宗学者は「真宗の信仰もまた、その信仰を挙げて天皇に帰一し奉るのである」（普賢大円）と述べたり、「何卒力づよく念仏しながら、大君のために、祖国のために、聖戦の白道を、一心をこめて突進して下さい」（梅原真隆）と述べたりしているのである。まさに、天皇制ファシズムへの屈服合理化と協力の理論が近代の真俗二諦論であった。

したがって、戦後において真宗教団はどのようにして真俗二諦論を克服すべきかが問われるのであった。真宗教団は、親鸞の教えから逸脱し、戦争協力という罪を犯したことを懺悔している。「真宗大谷派能登反原発の会」の運動の原点は、戦争協力の罪の懺悔をどのように具体化するのかというところにある。これは真俗二諦論を運動の中で克服することと結合している。反原発の会の長田浩昭師（真宗大谷派法傳寺住職）は次のように述べている。

「……珠洲市の中で、一軒一軒の家を衣姿で原発の問題を訴えていった私たちに浴びせられた言葉は、『裟婆《しゃば》の問題は仏法ではないと言ったのは、お前たち真宗の坊主ではないか！』『お前ら、真宗の教えは真俗二諦の教えだということを知らんのか。この偽坊主！』というものだった」（『いのちを奪う原発』東本願寺出版部、一六頁）

真俗二諦論は決して変わることなく、現在も生きのびており、民衆の中に浸透しているのである。この責任は、真宗教団と僧侶の宗教活動のあり方にある。

長田師は戦争協力の思想的根拠としての「真俗二諦論」は今日でも生き続けていて、その延長線上に、原発立地を批判の対象として取り上げない姿勢があることを次のように述べている。

「……『真俗二諦論』と言われているものがあります。聞き慣れない言葉かも分かりませんが、

『真諦』というのは、宗教的・観念的な領域を指し、『俗諦』というのは世俗的・現実的領域を指します。分かりやすい言葉で言えば、『二元論』と受け止めていただいて結構です。宗教的な問題と現実の生活を別々に分けたわけです。そしてその別々に、各々真理を立てました。そうすると、宗教的問題は心の問題なんだ、現実の問題は現実の問題だとしたときに……満州開拓ということが『国策』だといわれれば、満州開拓へ行くことが真宗門徒の使命だと語ることができるのです。……さらに問題になるのは、そういう教え（真俗二諦論）を私たちの体系的な教義としたということです。……体系的な教義にしたということは、明らかにそういう意志をもって、その教えを語ったということです。つまり、現代社会の課題と切り離して宗教的な問題があるんだとしたということは、どのような方向であろうが、国の進む方向に従っていくということを、教団として宣言したということに等しいのです。……そして戦後五〇年がたちました。さすがに、戦争に行ってアジアの人々を踏みつけろという、そんな教えを語る人はいなくなりました。また、『原発を立地しなさい』ということを教えにするということはありませんが、宗教的な問題と現実の生活というものを明確に分けるというその基本構造は、五〇年たった今でも全く変わっていません」（『「国策＝核燃焼サイクル」を問う――今、宗教者として』、一九頁、原子力行政を問い直す宗教者の会、一九九六年）

かつての天皇制の下でのアジア・太平洋侵略戦争が『国策』であったように、原発立地も『国策』である。『国策』は絶対的なもので、批判を許さぬものである。それは一九九九年九月三〇日に起きた東海村ＪＣＯ臨界被曝事故後開催された、村議会の質問にもそれを見ることができる。この点について、「原子力行政を問い直す宗教者の会」事務局長・藤井学昭師（真宗大谷派願船寺副住職）は次のように述べている。

「……村長の発言に原子力を否定するようなニュアンスがあったとして、『エネルギーの安定供給、原子力平和利用推進の国是に対して重大な公罪に問われるのではないか』という質問すら出ました。国のやることに異を唱えることは公《おおやけ》の罪だと語るのです。こうした威圧的な表現の背景にあるのは、国に盾突くものは絶対に許さないという戦前の『非国民』の論理、一元的なものの見方を強制し、異質なものを排除するという論理そのものではないでしょうか。あきらめと無気力の裏で、住民は自ら原子力に隷属する生き方を積極的に選んでいきます。強要されているとは少しも思わないまま、国家の政策の奴隷になっていく姿がそこにはあります」（『いのちを奪う原発』三八〜三九頁）

「原発」についても「戦争」についても、国家は国民の批判を一切許さない。それは、ともに「国策」、「国是」であるからだ。ここに世俗のものである国家権力の「絶対性」を読み取ることができる。かつて、浄土真宗教団は「真俗二諦」論の立場から、世俗権力にすぎない「天皇制国家権力」を絶対視したばかりか、信心をそれに従属させ、アジア太平洋地域の人々のジェノサイドを押し進め、日本国民を加害者かつ被害者にするという基本的過ちを犯し、「戦後五〇年」を迎えるに当たって、その荷担の罪を認め、懺悔した。戦争荷担の罪を認め、それを告白するこは、おなじような事態が生じた時、命をかけてそれを阻止することの決意と行動を示すことを意味する。能登の真宗大谷派の僧侶たちは、アジア太平洋戦争と原発立地の共通項を見抜いたが故に、立ち上がったのである。

真俗二諦論の立場に立てば、「心の中の世界の真理」についてしか語り得えない僧侶が積極的に社会政治にかかわる反原発の行動を起こすことは、「越権行為」となるがゆえに許されないのである。浄土真宗教団の戦争責任の懺悔は、宗教理論的かつ具体的にこの真俗二諦論を、いかにして払拭するかにある。真俗二諦論において、俗諦論には、「国家権力は絶対正しい」とする「信仰」と「国家権力は絶大な力をもっているから抵抗できない」という「信仰」の一体化がある。ここには世俗のものが「絶対」であるという「信じ込み」があるからである。このこと自体が、親鸞の思想とは無縁のものである。親鸞において、「真俗」の問題、すなわち精神的世界と現実的世界の関係はいかに捉えられているのかを見てみよう。

4　親鸞の「真俗」についての基本的立場

親鸞は『顕浄土真実教行証文類』の「化身土巻」においてつぎのように、「真俗二諦」論を退けている。

「『菩薩戒経《ぼさつかいきょう》』にのたまわく、〈出家の人の法は、国王に向かひて礼拝せず、父母《ぶも》に向かひて礼拝せず、六親に務《つか》へず、鬼神を礼せず〉と」（『浄土真宗聖典（註釈版）』四五四頁）

仏の教えに導かれて自己完成をめざして生きようとする者は、仏法（真実）にのみに従い、うたかたの世俗のもの（国家権力、肉親など）に最終的なよりどころを求めてはならないと親鸞は戒めているのである。また親鸞は中国の神智法師《じんちほっし》（一〇四二～一〇九一）の言葉を引用して、「鬼神」とは「形あるいは人に似たり、あるいは獣等のごとし。心正直ならざれば、名づけて諂誑《てんおう》とす（形は人間に似ていたり、獣のようであったりする。その心は正直でないため、媚びへつらう者である）」と規定している。つまり「鬼神」とは、反国民的権力者、およびそれに追随するものたちであり、それは「国策」の名のもとに戦争を押し進めた「天皇制国家の権力者」や、原発立地を「国是」として強行する政府・電力会社・御用学者・政治家たちの姿がそれに当てはまる。「補助金」を餌にして「権力を盾にし、だましまどわす、人間のような姿をした」彼ら（鬼神）によって、地域住民は騙され、原発に丸のみされてしまうのである。東海村願船寺副住職・藤井学昭師は、次のように述べている。

「原発立地を考える地域では、地方自治体の財政事情が窮迫している中、『金のなる木』としての原発に付随してくる補助金に群がります。さらに、一度原発ができると補助金は毎年減額させられていくので、麻薬を打つかのように新たな金のなる木を求めていきます。『地域振興事業費』という金に常に飢えている状態です。しかもその末路は、『人死と名づく』といわれる通り、まさに人間が死んでいく街が出現するのです。人間と呼べるものがいなくなるのです。人間でなくなっているその姿を『鬼』と呼び、『諂誑《てんおう》』していく生き方なのだと教えられます。まさに、私たち東海村の住民は、自ら喜んで『鬼』に仕え『鬼』と化し、国家にへつらい、人々をたぶらかしていく餓鬼道を歩むものとなってしまったのです」（『浄土真宗と平和』、七四頁、文理閣、二〇〇三年）

親鸞は、このような人々に自己の拠り所を求めることを禁じているのである。したがって、親鸞は「余のひとびと（在地の権力者）を縁として、念仏をひろめんと、はからひあはせたまふこと、ゆめゆめあるべからず候ふ」と指摘しているように、権力者には依拠しなかったのである。世俗権力者は仏法、真実に従ってこそ、民衆のための政治が可能となるのである。「本師曇鸞大師をば／梁の天子蕭王《そうおう》は／おはせしかたにつねにむき／鸞菩薩とぞ礼しける（浄土の教えを中国に位置付けた曇鸞さまのいらっしゃる方向に常に向かって、梁の武帝は曇鸞さまを菩薩と称えて、跪いた）」という親鸞の和讃はそれを示している。「国王不礼（権力者に対して跪かない）」の精神、国家権力の相対化の視点はインド、中国において、真摯な仏教徒が守り抜いてきた伝統でもある。

親鸞においては、「真」と「俗」を二分する論理はなく、「真（精神的世界）」と「俗（社会政治的世界）」において真実がそれぞれに存在するのではなく、真実は両者を貫徹するものなのである。このような明確さが存在するのは、その基盤に「信心」が存在するからなのである。信心とは、親鸞において懺悔を通じて、仏より賜るものである。親鸞は『顕浄土真実教行証文類』・「信文類・逆謗摂取釈」において、父親を殺害した阿闍世《アジャセ》王の懺悔をへて得られた信心について次のように述べている。

「世尊、われ世間を見るに、伊蘭子（紅く美しい花を咲かせるが悪臭を放つ木の種）より伊蘭樹を生ず。伊蘭より栴檀樹（香木の名前）を生ずるをば見ず。われいまはじめて伊蘭子より栴檀樹を生ずるを見る。伊蘭子はわが身これなり。栴檀樹はすなわちこれわが心、無根《むこん》の信なり。……世尊、もしわれあきらかによく衆生のもろもろの悪心を破壊《はえ》せば、われつねに阿鼻地獄にありて、無量劫のうちにもろもろの衆生のために苦悩をうけしむとも、もって苦とせず」（『浄土真宗聖典（註

釈版）』本願寺出版社、二八六～二八七頁、一九九七年）

阿闍世は、世尊（釈迦）の話を聞くことによって、自分の犯した罪を懺悔した。懺悔とは、仏の智慧の光に照らされることによって、罪深き自己に目覚めさせられ、自己の悪を転じる「信」を得ることである。これは、自分には存在しえない「信」であるが故に、「無根の信」、つまり仏より自己に差し向けられた「他力の信」を得たことなのである。信をえた阿闍世は次のように述べている。「われいま、いまだ死せずしてすでに天身《てんしん》（聖者の身）を得たり。命短きを捨てて長命を得、無常の身を捨てて常身を得たり。もろもろの衆生をして阿耨多羅三藐三菩提心《あのくたらさんみゃくさんぼだいしん》（この上ない仏のさとりのこころ）を発せしむ」（二八二頁）

無根の信を賜った阿闍世は、「古き自己」が命を終え、「新しき自己」が生まれたことを喜び、他者救済のために新たな、生まれ変わった人生を歩んで行くのである。信心を得た時、「古き自己」が命を終え、他者救済のために生きる「新しき自己」が生まれる。その時が「現世の往生」の意味である。この立場から、親鸞は『仏説無量寿経（下巻）』の本願成就文に見られる「即得往生」を「現世の往生」として把握し、『唯信鈔文意』において次のように述べている。

「『即得往生』は、信心をうればすなわち往生すといふ、すなわち往生すといふは不退転に住するをいふ、不退転に住すといふはすなわち正定聚の位に定まるとのたまふ御のりなり、これを『即得往生』とは申すなり。『即』はすなはちといふ、すなはちといふはときをへず日をへだてぬをいふなり」（『浄土真宗聖典（註釈版）』七〇三頁）

この「正定聚の位」とは、現世において、「命終われば仏となることが決定している人の位」であるがゆえに、「補処の弥勒（次の生で仏となることが決まっている弥勒菩薩）」と「おなじ」であり、心は如来（仏）と「ひとし」いのである。ここに現世のすくいが成立する。

この出発点は、懺悔（自己の犯した罪悪をさとって、悔い改めること）にある。阿弥陀仏よりたまわった信心の基底には懺悔が存在している。阿闍世には、「無根の信」を賜ったことを通じて、古き自己は命を終え、新しき自己が生まれたのである。その自己変革が他者救済へと阿闍世を赴かせた。すべての出発点としての懺悔は、現実的生活の中から生まれるものであり、自らが置かれている現実から目をそらすことなく、自己を合理化することなく、そこから退かないというゆるぎない自己決断が必要である。その決断ができるのは、絶対者との一体化が生じた時である。だからこそ、懺悔と信心が一体となって存在するのである。ここにわれわれは釈尊が『遊行経』で述べた「自らを洲（島）とせよ、法を洲とせよ」と同じ立場を見ることができる。これは、「現実から逃げてはならぬ、自己に課せられたものから逃げてはならず、それを受け止めよ。仏法（真実）をわがものとし、そこに仏法を貫け」という、仏教の原点を意味するものである。

5　欧米近代の価値観の問題点と親鸞思想

グローバル化の進行は、「遅れた地域」に対して「豊かさ」と「便利さ」を実現する唯一の方法としての「開発」の強行をもたらしている。現実には、地域の生活と文化を破壊する「開発」は「国策」として位置付けられているがゆえに、地域からの批判を一切受けつけようとはしない。そこでは、「地域」は完全に「客体（他者）」として捉えられており、自ら「発展」する力を欠いた、非歴史的存在であり、類型的存在である。また、「地域」を未発展に押し止めるのが偏狭な共同体であるとみなされる。「地域」における「文化」を尊重するといった場合でも、トータルな人間の政治・社会・生活の体系としてではなく、単に知的興味の対象として扱われるに過ぎない。これこそ、エドワード・サイードが明確に指摘している「オリエンタリズム」そのものである。「オリエンタリズム」は「欧米」と「東洋・『第三世界』」を二項対立的に捉え、すべての「優れたもの・価値あるもの」を前者に振り分け、すべての否定的なものを後者に振り分ける、知的・政治的支配の論理にほかならない。この構造は、明治以来、日本の知識人・政治家にも変化することなく持続している。

「開発」を押しつけられる側には、それを受け入れる人々がいることは事実である。受け入れる人々の中には、「国策だから、(かつての戦争と同じように)受け入れざるをえない」という立場の人が多いことも事実である。しかし、「地域」は「開発」を受動的に受け入れることはありえず、抵抗を試みる。この抵抗において、「地域」の人々が連帯と団結のための確固たる思想的よりどころを求めるのは、不思議なことではない。なぜなら感情的怒りを爆発させるだけでは、根本的解決にはならないからである。当然のことながら、「開発」を押し進める側にも思想的支柱があることは言うまでもない。そこでは、人間の歴史は常にヨーロッパをモデルとした「単線型の発展」をたどらねばならないというイデオロギー、すなわち「普遍的価値としての西洋近代化」論がその思想的基盤となるのである。この立場に立つと、「近代化(工業化)」されていない「地域」は「未発展」であるため、「停滞」「貧困」地域となる。そしてそれは「不幸」なことであり、このような状態から人間は脱却しなければならず、そのためには脱農業・脱漁業の工業化、すなわち「近代化」が押し進められねばならないのである。その一つの選択肢が原発建設であるとされる。原発建設は、都市に電力を供給すると同時に、「見捨てられてきた過疎」地域には補助金等の財政的援助がえられ、雇用も確保され、「近代化」が可能となるという結構ずくめの話である。

他方、このような視点に立つ「開発」に抵抗する側は、「開発」の結果が「地域」にいかなる豊かさもたらさず、不安と生活環境の破壊しかもたらさないことを実感的に知っている。このような不安と生活環境の破壊の事実を通して、自ら何世代にもわたってつくりあげてきた生活が決して「貧困」ではないことを再確認する。自らの生活の価値の再認識の思想は、その生活自体にあるがゆえに、抵抗の思想を外からではなく自らの生活のなかに見いだそうとするのは、むしろ当然であろう。

能登地域においては、そのような思想は五百年間にわたって受け継がれてきた、親鸞の浄土真宗であった。浄土真宗において「開発」が問題となる時、理論・教義の側面においては「真俗二諦」論批判が中心となるが、生活の側面においては、自然の概念が重要な位置を占める。「地域」の人々は自然に逆らうことなく、その固有の働きに従って生活し、自然の恵みに感謝を捧げる。自然は材料としての「モノ」ではなく、神的存在として捉えられていた。「能登はやさしや」という言葉があるように、「地域」の人々が人間に対してもつやさしさは、自然と人間を対立的に捉えず、一体のものとしているからに他ならない。このような生活文化を理論化したものが、親鸞の晩年の思想「自然法爾《じねんほうに》」である。親鸞はインド・中国を経てもたらされた仏教の諸概念を自分が共に暮らした民衆の生活の中で鍛え直した。それらの概念の一つである「自然《じねん》」について親鸞は次のように述べている。

「自然《じねん》といふは、『自』はおのづからといふ、行者(念仏者)のはからひ(自力による思慮分別)にはあらず、『然』といふは、しからしむといふことばなり。しからしむといふは行者のはからひにあらず。如来(仏)のちかひ(誓願)にてあるがゆゑに法爾《ほうに》といふ。『法爾』といふは、この如来の御ちかひなるがゆゑに、しからしむるを法爾といふなり、法爾はこの御ちかひなりけるゆゑに、およそ行者のはからひのなきをもって、この法の徳のゆゑにしからしむといふなり」。(自然における、自は「おのづから」という意味である。然は「そうあらしめる(すくう)」といういみであって、仏道修業者があれこれ自己中心主義的に、あれこれ狭い了見で思い考えることではない。自然とは、阿弥陀仏が無限の智慧と無限の慈悲の力でもって、民衆を救うという誓いを意味するから、そう言えるのである。法爾《ほうに》というのは、民衆をすくうという阿弥陀仏の誓いであるがゆえに、民衆自身の自己中心的な考えによることなく、法そのもの働きによってすくうことを意味するのである)」(『浄土真宗聖典(註釈版)』七六八頁、口語訳は筆者のもの)

自然は人間のあさはかな意図によって、どのようにも扱える材料ではなく、それ自体、神的なものである。自然(じねん)とは、超越的世界における「法=真実そのもの」をあらわす言葉である。(サンスクリット語・ヒンディー語の辞典でも、dharma(法・真実)はnature(自然)と訳されている)。その「真実そのもの」が時間空間を突き破って私の前に現れたのが、阿弥陀仏なのである。阿弥陀仏は「自然《じねん》＝絶対的真実」を私たちに示すために、その手段として現れた「方便法身」であるというのが親鸞の見解である。われわれは阿弥陀仏を通じて、はじめて絶対的真実への道が開かれるのである。したがって、自然《じねん》・阿弥陀仏・自然《しぜん》は分離できない一体のものなのである。

自然《しぜん》には、真理・法が貫かれている。それと同じものが人間にも貫かれなければならないということを理解させようとするはたらきが阿弥陀仏の智慧である。その智慧のはたらきが他力と呼ばれるものである。この世界において、他者との関係なしに存在するものは何一つないといえる。すべてのものはそれぞれ固有性をもちつつ、相互関連のもとにある。自分が存在するのは他者のお陰である。そのような立場に立つ時、自己中心主義は消滅する。このようなものの見方は、インドの思想では「バクティ」と呼ばれる概念であり、それが同時にシュラッダー（「信心」）と同義である。またこの「バクティ」がイスラーム思想の中心概念「タウヒード（個々の多様性を認めつつ、アッラーのもとで一であるという概念）」とも共通性をもっていることも興味深いところである。

親鸞における「自然法爾」は「成り行きに身をまかせる」という宿命論とは根本的に異なっている。なぜなら、「自然」に貫かれた法・真理が人間にも貫かれていることの認識が根本にあるからだ。この認識によって、「古き私」は「新たな私」へと脱皮し、主体化する。このような展開をとげた「私」が「現状肯定」であることはできない。このような自然観は、「真宗大谷派能登反原発の会」の次のような主張にも見ることができる。

「私たちは、親鸞さまから《この世にいのちをいただくものはすべて、いく世代をもかけてつきあってきた父母兄弟である》と教えられています。澄んだ空気、美味しい水、豊かな山の緑、安心して食べられる海の幸。破壊と汚染によって能登からこれらを失ったら、どんな繁栄があるというのでしょう。これらを子孫にも残すことができるのは、私たちをおいて他にはいません。能登には原発はいりません！」（『「国策＝核燃サイクル」を問う──今、宗教者として』、二六頁、一九九六年）

親鸞の思想が生活の中にしみついた能登の地では、自然は人間から切り離された、材料としての「モノ」ではない。能登で生きてきた人達は、ある意味では非常に豊かであったのだ。しかしながら、豊かさの価値意識は大きく変化した。長田浩昭師（真宗大谷派法傳寺住職）は次のように述べている。

「目の前には海があって、秋になると松茸が採れて……確かに経済的には貧しかったかもしれないけれども、生活自体はそうでない。能登の人たちは、ずっと代々そこで豊かに生きてきたはずなんです。ところが……そういう生き方が貧しいものであり、金沢とか大阪とか京都が急に眩しく見えるような価値観が、いつの間にか能登の人間の中にできてしまったんです」（五九頁）

このような価値観は日本のいたるところの「地域」に共通に見られるものである。しかしながら、「自分の生き方は貧しい」という、歪められた価値意識は皮肉にも原発問題によって、次のように覆えされる。

「こういうおばあちゃんがいるんですけども、やっぱり事前調査の時に電力会社の車の前に体を投げ出して、『轢くなら轢いてみろ。わし（自分）の命ひとつで原発が止まるんなら、孫たちに顔向けができる』と言うんです。そしてそのおばあちゃんは『原発の問題が珠洲に来たことによって気づかせてもらいました。自分たちを育ててくれたこの海、山、この能登の土地をこのままのかたちで子供たちに渡してゆくことが、自分の人間としての仕事だったのだ。このことを本当に忘れていた』と言われるんです」（五九頁）

自然は人間と一体のものであり、過去と未来に連続する他者との関係によって「私」は存在する。『仏説無量寿経』には、「去来現」という言葉が見られる。「現」（「現在」）は「過去」によって規定され「未来」への責任を負うものである。ここには現在・過去・未来を分離分断し、現在を自己中心主義に委ねる観点はない。したがって、原発による「モノ」としての自然破壊の「みかえり」として、何らかの「便利さ」を得たとしても、自己を現在・過去・未来を貫く人間共同体の基盤となる自然の中に位置付けるとき、その「便利さ」は色あせたものとなる。その結果、原発立地の問題を付きつけられたとき、「近代社会」が提供する「便利さ・豊かさ」は自己中心主義的な、「過・来・現」のつながりを断ち切った、刹那的な「モノ」への我執にすぎず、逆に「モノ」にすぎないようにみえる「自然《しぜん》」は神的な「自然《じねん》」であることがわかる。このことが可能になったのは、意識の底流に浄土真宗の自然観があったからであろう。能登半島珠洲市の人々が、頑強に原発と闘いうるのは、素朴な自然観を人間解放の思想にまで高めた浄土真宗の「自然《じねん》」観が生活の中に溶け込んでいるからに他ならない。

親鸞によれば、自然に貫かれている真理・法が自己にも貫かれていることを理解させることによって、「自己中心主義」、「我執」からわれわれを解放してくれるのが阿弥陀仏なのである。したがって、自然は阿弥陀仏と一体のものである。「弥陀仏は自然《じねん》のやうをしらせん料《りやう》」(阿弥陀仏は、自然〈真実そのもの〉の本質は何かを知らせるための手段なのである)。自然を原発によって破壊することは、生活意識の根底にある阿弥陀仏の破壊でもあるがゆえに、珠洲市の人々は原発に反対するのである。

われわれは浄土真宗と反原発運動の結合についてみてきたが、このような、宗教と現実変革運動の結合は日本の一地域のみに見られるものではなく、七〇年代以降の世界においても見られるものである。この点について、第四章において明らかにしてみよう。

第四章

グローバルな視点から見た現実変革運動と宗教の結合の特徴

一九世紀〜二〇世紀における社会変革・政治変革において、最も大きな役割を果たしたのは社会主義思想であろう。それは社会主義諸国の成立や植民地からの独立運動を見れば明らかである。社会主義思想は、途上国のみならず、西欧資本主義諸国においても、社会・政治変革において大きな役割を果たしてきている。これに対して、宗教は「過去」のものであって、「儀式」のみにおいて存在していて、その社会政治的役割は「体制擁護」だと一般的には見られていた。宗教は社会主義思想や社会進歩の対局に位置付けられる傾向が強かった。むろん、黒人公民権運動におけるルーサー・キング牧師の活動に見られるような、宗教の果たす役割の評価も見られたが、それが世界を揺るがすような「主流」にはなりえなかった。

しかしながら、一九七〇年代において、南アフリカの反アパルトヘイト運動、イランの反新植民地主義のイスラーム運動においては、その思想の中核となったのは宗教であった。このような新しい潮流は今日も途絶えることなく続いている。その最大の理由は、人々が右肩上りの経済的「発展」という西洋近代思想の虚偽性に気づき始め、「西洋近代」の矛盾を克服する方向性を、自らの生活の基盤にあるキリスト教やイスラームの思想のなかに見いだしたからであった。

宗教がその真価を問われるのは、従来、絶対的普遍的なものとみなされた価値観が現実の矛盾を克服する力を失った時である。すなわち古いものが崩壊し、新しいものが生まれつつあるのにそれを導くものが未だ生まれていない時である。親鸞は自分が生きた平安末期から鎌倉時代は、まさにこのような歴史の転換期であり、彼はその時代を「末法五濁」として、主体的に捉えることによって、新たな時代を切り拓く思想として、浄土真宗を展開したのであった。

親鸞の浄土真宗を現時点で捉えるためには、新たな時代を切り拓いた具体例として、まず、アフリカ大陸における民族解放闘争・反新植民地主義解放闘争、および南アフリカの七〇年代〜九〇年代の反アパルトヘイト闘争におけるキリスト教の役割をみることによって、宗教における現実社会の主体的把握とはいかなるものかを見てみよう。

1　アフリカにおける民衆の闘いの武器としてのキリスト教

ヨーロッパ世界がアフリカ大陸を植民地化するためにまず行ったことは、アフリカ民衆のイデオロギー的支配であった。その「武器」はキリスト教であった。「未開の暗黒大陸」アフリカを「啓蒙化・文明化」するため、近代ヨーロッパ世界は「神の代理人」として宣教師を送り込み、その「文明化」の具体的行為として植民地主義支配を合理化した。宣教師は、その主観的意図にかかわりなく、現実的には植民地主義の「先兵」の役割を果たしていたのであった。

東アフリカのケニヤにおいては、すでに一九二〇年代頃から反イギリス植民地主義反対運動が始まった。土地を奪われたケニヤの民衆は、批評家・ガクワンディーも述べているように、キリスト教を闘いのイデオロギー的武器として捉えた。

「大地は反乱のための動機になっているのに対し、他方キリスト教は精神的力を与えているのである。……キリスト教に改宗した者たちは、自分たちが神の子であることを教えられ、植民地的隷属から自分たちを解放してくれる黒いモーセを求め始めるのである。……かくして、植民地主義者の教えは自己に刃向かうものに変わるのである」(S.A.Gakwandi, *The Novel and Contemporary Experience in Africa*, P.112)

この闘いは五〇年代の「マウ・マウの闘い」へと受け継がれ、民衆は「左手にバイブル、右手に土地」というスローガンのもとで戦い続けた。このような闘いをへて、ケニヤは一九六三年、イギリスから「独立」したもののその後も、依然として欧米支配のもとにあった。

ケニヤ出身の作家グギ・ワ・ジオンゴは、自立のためには、経済的・政治的支配の根幹にある文化支配からの自立が必要だと考えたのである。ケニヤの欧米支配を可能ならしめているのは、ケニヤのアフリカ人支配者層の思想に深く根を降ろしている「欧米中心主義」である。「独立」後も依然として国民生活の貧困を克服できないのは、アフリカ人が「劣っている」からではなく、アフリカの生活とは無縁の『西欧的価値の絶対化・一元化』が強固に存在しており、その立場に立った「近代化」という名の新植民地主義、さらにはアメリカ中心の「グローバル」支配が押し進められているからである。

グギは依然として、欧米の支配のもとにあるケニヤを自立させるためには、経済的・政治的支配の根幹にある文化支配からの自立が必要だと考えたのである。欧米文化支配からの自立のために、彼がまず行ったのはアフリカ人民衆の側からのキリスト教の捉えなおしであった。処女作品『川をはさみて（*The River Between*）』（一九六五年）のテーマは「キリスト教の核心としての人間解放と割礼に代表される伝統文化の融合」であり、また『一粒の麦（*A Grain of Wheat*）』（一九六七年）では、彼は名もなき民衆が独立闘争に参加したのは、土地は商品ではなく先祖と交わる文化としての場であり、自分たちは神の子であり、黒いモーセが必ず解放するという観点からキリスト教を捉えなおしている。

同様の例は、一九七〇年代の南アフリカの黒人意識運動にも見ることができる。南アフリカでは、一九四八年のアパルトヘイト体制の成立以来、有色人を差別する多くの法律が制定されたが、とりわけ人口の約七五％を占めるアフリカ人を文化的に支配する法律として制定された「バンツー教育法」（一九五三年）に注目することが必要である。この制度のねらいは、白人主導を絶対化し黒人を孤立化・無気力化させ、経済的・社会的生活への平等な参加の拒否を、教育を通じて行うことであった。この教育を通じて、「暗黒大陸アフリカ」は「キリスト教」を中心とする白人文化によって「文明化」されたのだというイデオロギーがアフリカ黒人に注入され、「劣等意識」と「白人優越主義」が黒人の意識に固定化されるようになったのである。その結果、アフリカ人の子供たちは、自分たちの「文化遺産」を「無知蒙昧な野蛮なもの」として、憎むようになり、白人社会との一体化において、「慰め」を見いだすようになったのである。

このような現実に対して、スティーブ・ビコは「劣等感を経て自己自身によってつくられた心理的圧迫」と「白人の人種差別の社会における生活から生じるところの物理的抑圧」から黒人を解放するため、一九六八年に「南アフリカ学生組織」（SASO）を結成し、意識変革を通じてアパルトヘイト体制を実践的に打破する方向性を提示する。彼は意識変革のために、黒人の側からアフリカ文化を捉えなおす。アフリカの過去は、決して「暗黒」ではなく、受け継ぎ発展させて行くべき生活の文化として、演劇、詩、キリスト教が存在していることをビコは示している。七〇年代の黒人意識運動においては、この三者の現代化・アフリカ化が中心的位置を占めている。ビコが目指したのは、「黒人中心主義」ではなく黒人と白人の連帯のためには、まず圧倒的多数を占める黒人の主体化と自立化による連帯であった。このことの実現なしに、反アパルトヘイト闘争における平等な黒人と白人との真の連帯はありえないとビコは考えたのであった。

黒人意識運動は、七六年の黒人居住区ソウェトの若者たちの蜂起をピークに、抑圧されるが、文化を基軸にした意識変革の視点は、後の反アパルトヘイト運動に引き継がれている。とりわけ重要な位置を占めているのは、キリスト教である。ビコは、南アフリカの黒人の圧倒的多数がキリスト教徒であることに注目し、アフリカ人民衆の側からキリスト教を捉えなおす。

彼によれば、キリスト教は次のような四つの視点から捉えなおされる。①抑圧されることを許すのは罪である。②民衆の側からの聖書の捉えなおしが必要である。③闘う神としてのキリスト像の確立が必要である。④黒人（被抑圧者）と神との結合をはかるのは聖職者（黒人聖職者）の義務である。

八〇年代にはいると、聖職者たちは街頭デモなどの社会的行動を開始し、反アパルトヘイト運動の行動的参加を行うようになる。これは七〇年代の黒人意識運動を通じて、聖職者の社会的役割が明確に問われるようになってきたからである。このような状況の中でアパルトヘイト合理化のイデオロギーとしてのキリスト教、現状肯定・「あきらめ」のキリスト教から、黒人を精神的・社会的に解放するキリスト教への展開は、南アフリカを構成する全人種による反アパルトヘイト運動への参加を呼びかける八〇年代の宗教者の「カイロス文書」へと受け継がれている。

この「カイロス文書」（一九八五年）は人種の枠組みを越えて、一五〇人の宗派の異なるキリスト教聖職者が共同して、南アフリカの全構成員に対して、反アパルトヘイト闘争への参加を呼びかけたものである。この文書では、南アフリカのキリスト教をアパルトヘイト擁護の「国家神学」、中立を標榜しつつ現実にはアパルトヘイトを擁護する「教会神学」、民衆がよって立つべき「預言者的神学」に分類し、この預言者的神学の立場にたってアパルトヘイト打倒のための非服従運動に参加することを呼びかけている。

八〇年代の全人種による二〇〇万人が参加した反アパルトヘイト運動の最大の組織「統一民主戦線」議長アラン・ブーサック師の視点は次の三点に要約される。①神の御教えは生活全体の解放であるがゆえに、宗教者の政治への参加は当然の義務である。②キリスト者は政治権力への無条件的服従をしてはならない。③真実は被抑圧民衆のなかにある。その民衆のなかに神の御言葉がある。

すでに見てきたように、「第三世界」の民衆は、七〇年代以降、政治的抑圧と貧困からの解放を「欧米近代」モデルに依拠することなく、自らの土着の文化に基いてその道筋を捜し始めたと言える。アフリカにおいては、土着文化として演劇・詩が重要な位置を占めており、その現代化が意識変革に大きな役割を果たしているが、これらは生活の基底となっている宗教と分かちがたく結びついている。

植民地主義支配を打破するためには、政治的・経済的な闘いだけでは不十分であり、その根底にある文化支配を打破することが必要だとアフリカ人は考えたのである。彼らは自らの精神的並びに社会的・政治的解放の観点から、キリスト教を捉えなおし、闘いの武器にしあげたのである。それは、一九五〇年代のケニヤ独立闘争における、「左手に聖書、右手に土地」という誓いにも見ることができる。また、南アフリカにおける、五〇年代から六〇年代の反アパルトヘイト闘争において、熱心なキリスト教徒として、一貫して非暴力主義を貫いたアルバート・ルツーリ議長のみならず、ネルソン・マンデラ、黒人意識運動のビコも熱心なキリスト教徒であったこと、あるいはツツ主教、ANCのウェスタン・ケープ州支部の議長でもあるアラン・ブーサック師などの宗教者が一貫してアパルトヘイト体制と闘っていたことを見ても、宗教がいかに社会的変革運動と結合しているかがわかる。

しかしながら、宗教が現実を変革する重要な契機になるという視点は、必ずしも万人が同意できるものではないであろう。それはなぜであろうか？　近代市民社会においては「封建社会」に固有の特徴である宗教の力は、もはや生命を終えていると考えられているからであろうか？　もしそうなら、「第三世界（第三地域）」において、イスラーム復興主義、解放の神学、開発をめぐって新たに捉えなおされたヒンドゥー教などの宗教が、現実変革の力を持ち、民衆を勇気づけているという現実を説明することはできない。なぜなら、これらの地域の人たちは、「封建時代」にいるのではなく、西欧中心主義の価値観（近代市民主義的価値観）を徹底して刷り込まれている「現代社会」に生きているからである。したがって、宗教が現実を変革するという事実は、民衆の「無知蒙昧性」から生じたものということにならざるをえない。

では、特に「第三世界（地域）」において、何ゆえに宗教は大きな力を発揮しうるのであろうか？それは、「第三世界（地域）」においては、宗教は最も「地に着いた」民衆の生活文化であるからである。少なくとも長い歴史を持つ宗教には、必ず人間解放の側面が存在している。民衆が厳しい生活の現実に直面したとき、その人間解放の側面が捉えられるのである。また「第三世界」の知識人が、「欧米近代」に疑問を感じたとき、日常生活をへて心の奥底に存在する宗教の人間解放の側面が明らかとなり、民衆と知識人の連帯が可能となるのである。そのような人間解放、社会的不平等撤廃の力を宗教に見出すのは、聖書や経典におけるイエス、釈尊が取り組んだ課題の現代化によって可能となるのである。

この点について、南アフリカの反アパルトヘイト統一戦線の基盤となった「状況神学」を通じてその構造を見てみよう。キリスト教における「状況化」とは、いかなるものであろうか？アルバート・ノーランは、「聖書から福音の内容を取り出し、われわれの特別な状況に基づいて、その内容に新しい具体化を与える」ことが「状況化」の意味であると述べている。この視点は、イエスの生きた社会、イエスの立場の明確化を要求する。イエスの生きた一世紀のガリラヤ地方の民衆は「ローマの支配者とそれに協力するユダヤの支配者の二重の搾取によって」苦しめられていた（『イエス・キリスト』三一新書）。イエスは、このような現実の体制を「神の支配」と取り替えることを願い、その日が近いことを語った。イエスは、特権をもつ者がそれを決して失わぬように効果的に確保する、経済的・政治的支配の構造を神聖化する政教一致の体制を、神の支配に置き換えようとして闘った。時は熟し、神の支配は近かった。彼が必要としたのは、抑圧された人々の共同であったが、彼の闘いは体制を変革するには至らず、イエスは捕らえられ、殺された。アルバート・ノーランは次のように述べている。

「イエスが苦しみ、ローマの十字架にかけられて死んだのは、モーセやいにしえの預言者や、同時代の預言者や預言的指導者と同様、人々の苦しみ故に、苦しみを共有し、彼らの苦しい状態についてて何かをしようとイエスが決意したからであった。イエスは抑圧のくびきの下で苦しむすべての人々を解放するために闘う、抑圧された人々の一人であった。これが十字架の意味である」（アルバート・ノーラン著『南アフリカの神』）

ノーランによれば、「イエスがその時代の問題と取り組んだ、その精神において、われわれの時代の問題に取り組むこと」こそが重要なのである。それはすなわち、虐げられた人々の側にたち、彼らと連帯して、民衆を苦しめる政治的・宗教的体制としてのアパルトヘイト体制を打ち倒し、神の支配を実現することである。しかも、福音の意味する「よき知らせ」の内容は「時代の兆候を読むこと」にあり、それはアパルトヘイト全廃に向かう統一戦線の高まりである。「よき知らせを信ぜよ、希望にあふれ、現在の限界を越えよ」と呼びかける神のチャレンジに応える者は、闘いに参加するのである。このような捉え方が、状況神学の要点である。

南アフリカの白人であるノーランは、理論においてビコの黒人神学を継承しているばかりでなく、彼の根底には「人間は、人間と共に、人間によって、人間のためにある存在である」というアフリカ的人間観、すなわち他者を区別しない「自他同一性の人間観」が存在している。まさに、彼の神学は、アフリカに根ざした土着文化なのである。南アフリカにおける反アパルトヘイト運動の基底には、アフリカの生活に根ざしたキリスト教が存在している。一九五〇年代から六〇年代の運動と、七〇年代の運動、八〇年代から九〇年代の運動には、若干の相違点が見られるが、一貫して変わらないのは、土着文化としてのキリスト教ではないだろうか。

アフリカの生活に根ざす、このキリスト教には次の四点が特徴として指摘できる。それは、①

人間の社会的・政治的解放と精神的解放を一体化していること、②世俗的国家権力を神のごとく絶対視しないこと、③「すくい」(歴史の主体者としての人間への目覚め、主体的に生きる力・他者との連帯性をもつ人間の誕生）の原点は「現世」であること、④欧米近代的価値観（欧米中心主義）の問い直し、であろう。

南アフリカのキリスト教は、本来の人間解放の原点に立ち返ることによって、マルクス主義的解放論と共闘しつつも、自己のアイデンティティを失うことなく、現実に「無血革命」によって、アパルトヘイトを全廃させる大きな役割を果たしたのである。

南アフリカにおいて、キリスト教が社会変革に大きな役割を果たしていることを見てきたが、これはこの地域のみの現象ではない。われわれはこれと同じものを、一九七九年のイラン・イスラーム革命に見ることができる。

2　アリー・シャリーアティーのイスラーム再構築論とイラン・イスラーム革命

イスラーム世界についての「イメージ」は、アメリカや日本において非常に否定的である。このイメージは、欧米近代がでっちあげた、根拠のない「テロと官能の世界」から生まれたものであり、それが「九・一一テロ」、「悪の枢軸」と容易く結びつき、イラク攻撃の「合理化」に利用され続けている。ここには、「イスラーム文明＝悪」であり「欧米近代文明＝普遍的正義」であるから、「文明の衝突」は避けられないという、「十字軍」的イデオロギーを見ることができる。このようなイデオロギーを根源にさかのぼって理論的体系的に批判したのが、エドワード・サイードの名著『オリエンタリズム』（一九七八年）であった。サイードによれば、「オリエンタリズム」とは「オリエントを支配し再構成し威圧するための西洋の様式」である。すなわち、「オリエンタリズム」とは、「西洋」と「東洋」の間に本質的差異（すなわち「西洋」は優れていて「東洋」は劣っているという差異）が存在するという立場に立った、「西洋」による「東洋世界」（とりわけイスラーム世界）に対する文化的・政治的支配体系なのである。杉田英明氏は次のように述べている。

「オリエンタリズムの思考様式、言説空間の下では、つねに西洋と東洋の厳格な二項対立が機能し、西洋と対比的に、東洋には後進性、奇嬌性、官能性、不変性、受動性、被浸透性などの性質が割り当てられた。また逆に、西洋は東洋に対し、みずからと反対のもの（カウンター・イメージ）を執拗に割り当てることによってのみ、自分自身のアイデンティティーを形成していったのだといってもよい。かくして東洋は、西洋人によって表象され、解釈され、教化され、その嘆かわしい地位から救済され、現代に甦らせられねばならぬものとしてあらわれるに至る」（『オリエンタリ

ズム』、三六五頁、平凡社）

「東洋世界」は「西洋世界」と区別され、すべての否定的特徴を有する「類型的、非歴史的、他者的、専制的存在」ではないことは、文明の交流史がそれを証明している。「オリエンタリズム」は、サイードの指摘するように地域がどこであれ、文化的・政治的支配をその核心にもっているのであるから、それを克服するためには、文化的自立がまずもって必要とされる。われわれはこの道筋をすでに南アフリカにおけるキリスト教の主体的把握に見てきた。これと同様の例を、われわれはイラン革命（一九七九年）におけるイスラームの主体的把握に見ることができるのは、不思議なことではない。

アメリカのＣＩＡの後押しによって、イランのモサッデク政権をクーデターで倒したシャー一派は、西欧化・近代化を掲げたが、現実には私利私欲を追求し、秘密警察をつかって組織的監視体制をつくって、民衆に対しては徹底した弾圧を行い続けた。このような現実の中で、抵抗のための自己確立の拠り所となったのは、イスラーム再構築であった。

本来イスラームは、都市性をもつ合理的な宗教であり、その中心概念である「タウヒード」は、個々の多様性を認めつつ、それらを一つとして考えるという意味をもっている。ここから、現世と来世の非分離、神（アッラー）の唯一性からの世俗権力の相対化が導き出される。またイスラームにおいては、徹底した平等主義が貫かれていることが、次のコーランの言葉にも見ることができる。「諸君はアダムの子孫として、平等であり、もし諸君の間に優劣の差があるとすれば、それは神を敬う心、敬神の念においてのみである」。この徹底した平等主義を現実の社会に結びつけ、それを実現するためには共同体としての「ウンマ・イスラミーヤ（イスラーム共同体）」の必要性、およびその共同体構成員の宗教的・精神的生活のみならず、社会的・物質的生活に指示を与える「シャリーア」（イスラーム法）が必要となる。かくしてタウヒード、ウンマ、シャリーアを一体のものとして捉えることによって、正義の実現が可能となり得るのである。

アリー・シャリーアティー（一九三三～一九七七）は、このような本来のイスラームの視点に立って、人々を常に出発点に位置付けるものとして宗教を捉えた。シャリーアティーは、まず、ユダヤ教、キリスト教、イスラームの預言者たちがすべて、既存の権力者に対抗するかたちで自らの宗教を社会で実現しようと試みたことを強調する。すなわち、宗教は本来、国家権力には依拠しないということである。第二に、タウヒード的世界観は、世界の多様性をみとめつつ、世界を一つの統一体として捉え、現世と来世、精神的世界と社会的世界、自然と超自然の分離をしないことである。したがって、「現世は来世の耕作地」であるがゆえに、脱現世の立場は否定される。第三に、このタウヒードの立場から、イスラーム教徒は神の正義をこの世に実現するために、全力をつくす義務を負っており、自らの参加する共同体《ウンマ》の運命について責任を負わねばならない。第四に、預言者は人々に対して、真理の教えとその道を示す義務を果たした時点で、その布教は終わり、その内容を選択しその道を歩むか否かは、人々にかかっている。したがって、繁栄や発展の原因も、衰退の原因も民衆にあり、社会と歴史に対する責任は民衆のもとにある。ここでは、民衆が歴史の原動力であると捉えられている。

シャーとその政権による西欧化・近代化路線は、人権を無視して一部特権階級だけに金が流れ、アメリカばかりに利益が吸収される結果しかもたらさなかった。このような現実の中で、シャリーアティーは知識人の義務を次のように考えた。

「現代の知識人に課せられた義務は、イスラームを人間個人と社会に活力を与え、人類の将来に対する指針を教示する任にある宗教としてとらえることである」（アリー・シャリーアティー著・櫻井秀子訳『イスラーム再構築の思想』大村書店、七二頁）

シャリーアティーのイスラーム復興の思想は、このような現実変革の視点に立ったものである。かくして、一五万人のウラマーと呼ばれる知識人が立ち上がったのである。宗教的にも、政治的にも信頼の厚い知識人たちが立ち上がると、民衆もそれに応えた。武器ももたぬ三千万の民衆はついに、一九七九年に三〇万人の軍隊を制し、イスラーム革命を実現したのである。この闘いの基礎には、民衆の価値観の変換があったことを見なければならない。まさにイラン・イスラーム革命は、「人間についてたえず声高に語りながら、見つけ次第人間を破壊するヨーロッパに別れを告げよう」と語ったシャリーアティーの言葉の実現であるといえよう。

イラン革命以後、四半世紀が経過した。この革命は、決して「過去」への回帰を目的としたものではなく、「欧米中心主義的」近代とはことなる「近代のオルターナティヴ」を目指したものであった。それゆえ、鈴木均氏が述べているように、イラン革命は「イラン社会の構造を近代的な市民社会の方向に向けて大きく前進させ」たという意味をもっており、四半世紀のイランの歩みは、「現代世界の大部分を覆っているグローバリゼーションに抗した内発的発展の壮大な試みの成果であり、中東地域における極めて興味深い社会発展のモデルを提供している」（『別冊環』④、藤原書店、二〇〇二年）といえるのである。

イスラームの台頭は、現在のイラクにおいても見られる。サッダム・フセインが徹底した中央集権体制をとってきたにもかかわらず、イスラームを丑帯とした地域共同体社会は存続してきた。バクダード陥落二週間後、聖地カルバラーへ向かうシーア派の宗教行進行事「アルバイーン」には、百万人もの信者が参加したことからも、宗教的結集力の強さを見ることができる。この行事では、次のようなスローガンが掲げられた。

「スンナ派も、シーア派もない、イスラームはひとつ。帝国主義にノー、イスラエルにノー、アメリカにノー、サダム・フセインにノー、イスラームにイエス！」（酒井啓子『イラク戦争と占領』一六八頁、岩波新書、二〇〇四年）

酒井啓子氏はイスラーム勢力がなにゆえに社会的影響力をもっているのかを、次のように述べている。

「……宗教指導者たちこそが地域住民に社会的秩序理念を提供できる存在だ、ということだ。政府の崩壊とともに、近代法体系や司法制度、警察組織など、善悪概念を取り扱うすべてのシステムが崩壊してしまった。その無秩序、無法状態に対して唯一、既存の政治秩序に変わる秩序形成理念を提供できるのが、ウラマーと呼ばれるイスラーム知識人なのである」（同書、一七七頁）

ここにおいても、イラン・イスラーム革命同様に、社会に根づいているウラマーの役割を見ることができよう。

3　マルクス主義と宗教の連帯

七〇年代以後、宗教が政治的社会的解放において、大きな役割を果たしてきたことを見てきたが、マルクス主義との関係はいかなるものであろうか。この点については、南アフリカの反アパルトヘイト運動が、とりわけ八〇年代以降、宗教者とマルクス主義者を連帯させたという事実は興味深い。マルクス主義とキリスト教の連帯の思想は、一九八五年の「カイロス文書」が出されてから、大きく前進している。例えば、南アフリカ共産党の理論誌『アフリカン・コミュニスト』(No.110 一九八七年)は、特集「南アフリカ革命における共産主義者とキリスト教徒」を組み、南アフリカ・キリスト教研究所の機関誌「*Pro Veritate*」前編集長セドリック・メイソンが寄稿した論文「マルクスとイエスの同志的関係」において、共産主義者とキリスト教徒の間には国際性、正義・平和・人間社会の擁護などの共通項があり、両者の対立は体制側がつくりあげた「分割支配」の仕方にほかならないことが強調されている。

この視点は、九〇年代のアラン・ブーサック師にも共通に見ることができる。彼は南アフリカ共産党のインタビューに対して、共産主義とキリスト教の理論的共通項の存在、それに基づく共産主義との連帯の必然性について、次のように答えている。

「革新的なキリスト教徒と共産主義者が共有するものは、非常に多くあります。そのことについても、言わねばなりません。貧しき人々、弱く卑しき人々に対する関心は、われわれの共有するところです。

その場しのぎの対策については、語ることができないという共通理解、変化について語る場合には、基本的なものが変わらねばならなぬという共通理解があります。抑圧された人々の基本的人権、社会における平等、少数者が支配し、富を享受しているのに対し、大衆が苦しみ続けるような経済の拒否――、革新的キリスト教徒は、これらのすべての問題では和解できません。

……大地が与えるものを、すべての人々が分かち合う社会、そんな社会についての聖書のイメージは、マルクスのずっと以前から、われわれが抱いてきたものです。マルクスが彼の時代に把握したからといって、どうしてわれわれキリスト教徒がそのヴィジョンを否定すべきでしょうか？

この基盤にたって、私は正直に申し上げねばなりません。私は共産主義に対して闘うことはいたしません。でも、東ヨーロッパにおいて見たようなイデオロギーを適用するようになったら、私は闘うと思います」（『アフリカン・コミュニスト』No.126）

ケープタウン大学教授チャールズ・ヴィラ＝ヴィセンシオはマルクスの宗教批判の内容を歴史的文脈の中に位置付け、マルクスのキリスト教批判は一九世紀の抑圧的な資本主義体制の合理化、現実逃避としての、支配的イデオロギーとしての「キリスト教」に向けられたものであり、キリスト教一般の批判ではないことを明らかにしている。さらに彼は『マルクス主義と宗教の間には、基本的対立点はなく、共通項があることを次のように述べている。

「マルクス主義と宗教とのあいだには相違点があるにもかかわらず、キリスト教、ユダヤ教、イスラーム（などのすべての肯定的宗教）は、マルクス主義的人間精神の理解においては、ほとんど反目しあわない。すべての種類の経済的、政治的搾取に抗して立ち上がるマルクス主義的洞察力は、ヘブライ語の聖書の預言的メッセージの社会的教え、イエスやコーランの教え、との共通の根拠を見いだすのである」（『アフリカン・コミュニスト』No.129）

マルクス主義とキリスト教の連帯は、理論レベルのものではなく、生活レベルにおいても見られる。それは一九九二年七月に暗殺された、南アフリカ共産党書記局長クリス・ハーニの葬儀に際して、宗教的指導者たちが正装して葬儀式を執り行ったという事実にも見ることができる。アパルトヘイト体制は神の信仰告白を行っても、現実の差別と抑圧の政治的実践においては神を否定している。逆に神を信じないという理論的無神論者や、もはや教会へは行かない人々がいるが、彼らの実践がイエスの実践に近いこともありうる。重要なのは、信仰の実践であり、その実践が信仰なのである。最初は聖職者になることを望んでいたマルクス主義者クリス・ハーニの実践と革新的キリスト教徒の実践には何ら対立的なものはなかったのである。

4　結論

エドワード・サイードが『オリエンタリズム』を著したのは、一九七八年であった。それからすでに四分の一世紀が経過したが、日本において「オリエンタリズム」の影響は今日でも根強く残っている。それは「オリエンタリズム」を克服する価値観変革を伴う主体的取り組みが大きな流れとして取り組まれていないからである。しかしながら世界では、すでに見たように一九七〇年代以降、南アフリカやイランにおいて、このイデオロギーを克服する道筋が伝統的宗教を機軸として展開されてきた。その運動の過程で危機の主体化を経て、価値観の転換を行いつつ、大きな政治変革をなし遂げてきたのである。

七〇年代以降、宗教は歴史を動かし社会を変えて行く大きなエネルギーを発揮した。そこには宗教は異なっていても、それぞれの預言者が向き合った変革すべき現実の課題と現代の人間が向き合う変革すべき課題の共通項を、聖書やコーランを通じて主体的に把握するという姿勢が見られる。このような方向性が社会の中で宗教が共通に果たすべき役割なのである。

ここから導き出される共通項は、①トータルな人間の解放（政治的・社会的抑圧からの解放と人間的・精神的解放の統一)、②国家権力の相対化、③「すくい」の原点としての現世(現世と来世の不可分性)、④欧米近代的価値観の問い直しと近代的価値観の批判的摂取、であろう。そして、これらの運動は「反近代的復古主義」ではなく、土着文化としての宗教を基盤とした近代のオルターナティブであろう。事実、宗教はこのような時代の転換期において新たな方向性を提示してきた。七〇年代以降の新たな宗教復興は、この点では本来の宗教のあり方を取り戻したものであろう。

これと同じ例をすでにわれわれは浄土真宗においても見ることができた。浄土真宗は中世において、寺内町に見られるような、武装自治都市の形成において大きな役割を果たし、国家権力との闘争も辞さなかった。その伝統は明治初期の神道国教主義による、民衆の思想と暮らしの弾圧に対する一連の一向一揆(三河菊間藩一揆、越前大野今立坂井三郡一揆など)にも受け継がれている。

親鸞の思想は、現代においても民衆の闘いの中で生きていることをわれわれは見てきた。次章において、親鸞の思想が、グローバル化の進行する現代世界において、どのような意味をもっているのかを明らかにしてみよう。

第五章

親鸞思想の現代的意義

はじめに

昔々、インドのある町に四人の仲のよいバラモンの友達がいました。ある日のこと、四人は勉強しようと思いたち、聖地ベナレスへ行くことに決めました。かくして、十二年間その地で、熱心に勉強したのです。そして、ついに学業を終了しました。

さて、この四人の友達のうち、三人は学業成績は抜群でしたが、一人は勉強ができませんでした。この若者は、全般的な智慧（sāmānya buddhi）には優れていましたが、他の三人の学のあるバラモンの若者には、その智慧が欠けていました。ある日のこと、彼らは考え始めました。「われわれの学んだ知識（vidyā）は役立たなければ、意味がない。あちこちへ行ってみて、ためしてみようではないか」。そこで、彼らは町の方へと歩いていったのです。途中、恐ろしい森がありました。でも、お互いに話をしながら、どんどん歩いて行きました。

突然、一人のバラモンの若者が立ち止まって、友達に言いました。

「見てみろよ、これは死んだ動物の骨だぞ。この骨を相手にして、自分の学問の成果を試してみようじゃないか」

皆は、その場所で立ち止まりました。友達の一人が言いました。

「僕が、この骨を集めて、骨格を作ってやる」

二人目の友達が言いました。

「僕はその上に肉や毛をつけ、皮を張ることができる」

黙っていた三人目の友達が言いました。

「僕は、そこに命を吹き込むことができる」

あわれな四人目の若者は、何も言えませんでした。彼は、何もわからなかったのです。彼は三人の友人を注意深く見始めました。

さて、最初の友達は骨をすべて集め、骸骨の骨組みを作りました。二人目の友達は、学問の力をかりて、肉や毛や皮をつけたのです。三人目の友達が、それをよみがえらせようとした時、四人目の若者は、彼を止めて言いました。

「なんてひどいことをするんだ？　これは虎だぞ。こいつを生きかえらせたら、僕たちは皆、喰われてしまうじゃないか」

すると、三人目の友達は、むっとして言いました。

「僕たちは、ずいぶん苦労して勉強したんだ。それを無駄にしたいと言うのか。君は僕らを妬んでいるんだよ。でも、こいつに命を吹き込むからね」

「わかったよ、だったら好きにしたらいい。でも、あの木に登ってからにしてくれ」

そう言って、彼は木に登りました。

三人目の友達が、マントラを唱えて、命を吹き込むと、虎はよみがえりました。そして三人を見ると、襲いかかり、食べてしまいました。虎が行ってしまうと、四人目の若者は木から降りて、自分の家へ帰りました。

1　インドの民話における智慧と西洋近代の理性・知識中心主義の問題点

この話は、インドの小学校で使用されているヒンディー語の教科書に掲載されているものである。これとほぼ同じ話を、われわれは『ジャータカ物語』に見ることができる。ここの話は、「智慧と知識は異なったものであり、本当に人間が生きるために必要なのは、智慧であり、その智慧に基づいて思考することである」ということを語りかけている。現代社会を見た時、この話と同じ現実を見ることができよう。「知識」は、この話のように「自己を実現すること」、「有用性」を求めてやまない。また、「知識」は自己に対立するものを、「無知」・「非合理」として位置付け、憎しみをこめて排除したがるものである。

「原子力の平和利用」の美名のもとに、地域の反対を無視して、批判を許さぬ「国策」として「原子力発電」の設置が強行されるが、その際にも同じことが見らる。骨を組み合わせ、肉と毛をつけ、皮を張り、生命を吹き込めば虎はよみがえることは、「知識」からわかることである。しかし、その虎は「知識」では、制御できないものなのである。虎に命を吹き込んだのは人間であるが、よみがえった虎は人間のことなど考えず、襲いかかってくるのである。これは、原発でもおなじことがいえる。ものごとの全体的構造、相互の依存関係、自己中心主義の愚かさ、の理解が今日とりわけ必要であることはいうまでもない。このようなまともな理解に達することが困難であるならば、その障害物は何であり、それがどのようにして形成されてきたのかを探ることが必要であろう。この障害物は近代的価値観と一体のものであるがゆえに、近代、とりわけ今日のわれわれの基盤となっている西洋近代そのものから問題点を明らかにすることが必要であろう。

西洋近代は、ベーコンが言っているように「知識は力なり」がベースになっている。これは、「人間には理性が等しくわけあたえられている」といったデカルトと同様、中世の「神中心主義」から「人間中心主義」への変化を示すものである。人間は「理性」を持つが故に、知識をえることができる。ただ、カントは科学による認識可能な現象界と科学の及ばない価値の世界を分け、両者の統一の必要性を述べて、「理性中心主義」に歯止めをかけようとしたが、結局それは、理念が自己展開をとげるヘーゲルの一元論によって押しつぶされてしまうのである。スピノザ、ベーコン、デカルトにはじまりヘーゲルにいたる近世哲学の進展の結果、超越的神は否定されて、人間の行為に歯止めをかける神はいなくなり、人間は欲望の赴くまま何でもできるようになったのである。そしてそれが理性と科学によって正当化されるようになった。その結果、自然は単なるモノ（材料）となり、理性に基づく「知識」を持たないものは「野蛮人」であり、啓蒙化（植民地化）の対象とされるようになったのである。

「自然」が人間によって搾取可能な「モノ」となる過程は、超越的神から内在的神への変化が前提となる。それはスピノザの「神即自然」に顕著に現れている。ベルギーの経済学者フランソワ・フルケ（François Fourquet）は『貨幣、権力、愛（*Money, Power, and Love, Reflections on Some Western Values*）』（Fondation pour le progrès de l'Homme, Paris, 1993）において、次のように述べている。

「ルネサンスの時代に、文化革命がヨーロッパを一掃した。自然は神に取って代わる世界原理として受け入れられた。これは新しい社会的・哲学的秩序の扇の要なのである。世界秩序は、もはや世界に対して超越的には存在はしない。世界秩序は、自然というものを頭にしてこそ、世界自らに固有のものとなるのである。……自然の意志は神の意志となる。……スピノザは神を自然に対比する。神即自然である。神は他の場所、あるいは天国にいるのではなく、自然の中に偏在する。神は自然そのものである。政治的には、聖なるものは国家に移管される。宗教の支配力は、教会に限定され、その教会はフィリップ・ル・ベル以来、傍観者とされるのであった。……（近代）国家の存在理由は、もはや超越的秩序（神）に求められなくなり、固有の秩序（国是、ルソーあるいはホッブスの社会契約、スミスの言う見えざる手、ベンサムによって概略が描かれた効用原理）に求められる。自然法が神の法に対置される。国家（The Nation）とは、自然（Nature）の社会的名前であり、『土着の人々』(natives）あるいは『自然な』(natural）な人々の共同体である。（中略）自然と一体の国家は、市場と資本主義の哲学的原理である。（中略）市場経済はかくして、政治的権威に対抗するその独立性の哲学的正当化を得る。これが、自由主義の伝説の源泉なのである」（前掲書、三八～三九頁）

自然は内在的な神として把握され、超越的神は否定される。内在的な神として捉えられた自然(nature)は、社会的には国家（nation）であり、国家は「自然な」(natural）人々の共同体であるがゆえに、そこでの人々の行動は自由で独立した、神的なものとなる。かくして、自然の「神性」は一方では、その「神性」を失い、人間に所有され搾取される「モノ」となり、他方、自然の「神性」は、「人間」およびその共同体の「国家」へと移行する。ここから、人間および国家の自然破壊に対する合理化の枠組みが生まれる。これらのことを押し進めるためには、理性の位置付けが前提となる。フルケは次のように述べている。

「神は一七世紀には死んだ。少なくとも、啓蒙時代のヨーロッパの知識人にとっては、死んだのだ。哲学的秩序においては、神は自然に、政治秩序においては国家に、知的秩序においては理性に、取って代わられた。政治秩序における自然的秩序（国家）の生得性は、知的秩序における理性の生得性と結合する」（四〇頁）

超越的神が「解体」する過程で、理性は人間の自然的・本来的（national）な力として位置付けられ、それ自体が神的となり、知的偏重主義という理性のカルトを生み出し、理性以外のすべてが人間から排除される。この過程で、理性と自己中心主義が一体化し、国家と一体化するのである。

人間の感情・情念は、「あたま」から来るものではなく、「心臓(心)」からくるすべてのものであって、「心」には能力も、直感も知性も存在する。ところが、理性中心主義は非合理の名のもとに、感情・情念を「私的なもの」の領域へと追いやるのである。その結果、人間は本質において分裂し、「非人間化」せざるを得なくなるのである。その結果人間は次のような存在となることをフルケは指摘している。

「人間の主体性は引き裂かれている。（中略）理性の理論的知的偏重主義に囚われているため、否定された人間的主体は無意識的なるもの、明らかに非理性的なるものの狂気の中に避難する。人間は深く分割され、引き裂かれているのである。意識と非意識、理性と感情、客観的世界と感情的主体性に、引き裂かれているのである。理性と知性は人間の文化である。感情は人間的自然である。ヨーロッパ人は自分自身の自然、すなわち、自分ではそうだとは気づかなくてもいつも活動しているもの、それを抑圧するという犠牲を払って、近代文化への接近を得たのである」（四二頁）

感情・情念を欠いた存在が「理性的人間」であるとするならば、人間の価値は有用な客体であることが決め手となる。人間の価値は、「道具」としての使用性、機能性、雇用可能性によって決定づけられる。人間は功利性を有するだけの身分に格下され、幸福とは「所有すること」へとつながる。

封建性を打ち倒した「西洋近代」の価値観は、超越的神を内在化し、それを理性として位置付ける過程で、自己を律する「超越者」を消滅させたため、自己中心的行為すべてが「理性」の名のもとに合理化されることになるのである。このような自己中心的行為すべてを西洋諸国内において放置することは自滅と共倒れにつながりうる。このような行為の対象は、当然の事がらとして、アジア・アフリカ・中東・ラテンアメリカ等の「非ヨーロッパ世界」に向けられた。『理性的存在者は「西洋人」のみであり、他の存在者は「理性的存在者」にまで発展していない「劣った存在者」である』というイデオロギーの発生は当然の帰結である。そしてその行為は、ナイジェリア出身の作家チヌア・アチェベが述べているように、「神の代理人」として「暗黒」を切り開き、住民を啓蒙化する「植民地経営」となって展開されたのである。今日、世界を席捲しているアメリカ指導の「グローバリゼーション」支配が、西欧近代＝現代アメリカ的価値観のみの押しつけにほかならないことにも、その根深さを見ることができる。

2　欧米近代的価値観の矛盾を克服する親鸞思想

西欧近代の価値観の問題点が、超越的神の内在化による自己中心主義にあることを見てきたわけであるが、この根本批判をわれわれは親鸞の『顕浄土真実教行証文類』に見ることができる。親鸞は「信文類」の冒頭において次のように述べている。

「……末代の道俗、近世《こんせ》の宗師、自性唯心《じしょうゆいしん》に沈みて、浄土の真証《しんしょう》を貶《へん》す、定散《じょうさん》の自心《じしん》に迷ひて金剛の真心に昏《くら》し。（末法時代の僧侶も俗人も、また最近の各宗の理論家たちも、仏や浄土は自己に内在する本性であるという教えにとらわれて、浄土真実の教えをけなしたり、また自己中心主義の心を捨てることなく、浄土往生を願うことにとらわれている人々がいる。それは、決して破壊されることのない他力回向の信心がわかっていないからなのである）」（『浄土真宗聖典（註釈版）』、二〇九頁）

親鸞は絶対者の超越性と内在性を分離し、超越性を否定することが自己のエゴイズムを絶対化するものであるという明確な立場に立っている。この絶対者の超越性と内在性の分離は、末法五濁という社会的・精神的危機を主体化に受け止めることができない時、すなわち自己客体化ができない時にのみ生まれるものなのである。社会的・精神的危機の主体化は同時に自己の客体化と一体のものである。そのことが可能となるには、自空間を越えた真実そのものが、歴史的現実的世界に入り込んで自己限定をおこない、個的人間に向かい会う時である。この自空間を越えた真実そのものが、歴史的現実世界において、この私に向かい合う存在となったものが、阿弥陀仏なのである。親鸞は「法性法身（dharmatā，究極の真実そのもの、真如）と「方便法身」（真如・究極の真実そのものが、衆生救済のため名を示し形を表した仏身、浄土真宗では阿弥陀仏）との相互関係をを示すことによって、「証文類」において、次のようにその構造を明らかにしている。

「……諸仏菩薩に二種の法身あり。一つには法性法身、二つには方便法身なり。法性法身によりて方便法身を生ず。方便法身によりて法性法身をい出す。この二の法身は異にして分かつべからず。一にして同じかるべからず。このゆゑに広略相入《こうりゃくそうにゅう》して、統《か》ぬるに法の名をもってす。菩薩、もし広略相入を知らざれば、すなわち自利利他《じりりた》するにあたわず」（『浄土真宗聖典（註釈版）』、三二一～三二二頁）

親鸞においては、現実世界を超越した究極的真理そのもの・はたらき全体を「身」としてあらわしたものが「法性法身」であり、われわれ人間救済のために具体的な時間空間に自己限定した存在が「方便法身」であり、それが阿弥陀仏として位置付けられる。親鸞は「自然法爾の事」（末灯鈔第五通）において、いろも形もない真実そのものを「無上仏」とよび、それを「自然《じねん》」と呼んでいる。そして「阿弥陀仏」は、この「自然《じねん》＝真実そのもの」をしらせるための「料《りょう》＝手段、ためのもの」であると呼んでいる。

では、「法性法身」と「方便法身」の関係はいかなるものであろうか。これを示すのが「広略相入」である。「広」とは、方便法身であり、そのはたらき（ものごとを真実化するはたらき）は、「略」である「法性法身」からくるものであって、自己のはたらきすべては「法性法身」に入ってしまうのである。また、「法性法身」は「方便法身」とならないかぎり、人間に対してはたらくことはできない。この両者は一体のものであって、分離したものではない。この両者の相互関係を「広略相入」というのである。

「広略相入」を知らなければ、菩薩、すなわち仏道修業者は、自らのさとりをえることと他者救済をおこなうことの統一ができないと親鸞が述べているのは、当然の事なのである。なぜなら、自己中心主義と真実把握が混同された状態では、「理性」という美名のもとに「自己中心主義」がはびこるからである。すでに述べたように、「神の代理人」として「理性」という「神性」をもった西洋植民地主義がアジア・アフリカ・ラテンアメリカの人々に行った行為を見れば明らかであろう。

「広略相入」の理論は、「諸仏の神力加勧《じんりきかかん》を得ること」、すなわち社会的実践活動に関わりをもつことによって民衆の中にある真実の声を聴き受け止めることによって、実践的に確固たるものになる。これらの事を通じて、真実を把握する事と他者のために生きる事の統一が可能となるのである。歴史的危機認識の主体化の立場に立った親鸞の「仏教原点回帰」思想には、すでに述べてきたように、現生正定聚に見られるような現世における救いのあり方、「現世」と「来世」の非分離性、世俗権力の絶対化の拒否、信心の社会性など非常に多くの現代性が見られるが、私にはそれらの根源となるものが、「広略相入」にあるように思われる。

「法性法身」と「方便法身」が「広略相入」の関係にあり、両者は不二一体のものであることは、阿弥陀仏の「二身性」にも見ることができる。親鸞は、中国において浄土教を確立した曇鸞（四七六〜五四二）の『浄土論註（巻下）』を「信文類」において次のように引用している。
「〈如彼如来光明智相〉といふは、仏の光明はこれ智慧の相なり。この光明、十方世界を照らすに障碍《しょうげ》あることなし。よく十方衆生の無明の黒闇《こくあん》（迷いの闇）を除く。日月珠光（日光・月光・珠の光）のただ室穴（ほら穴）のうちの闇を破するがごときにあらざるなり。〈如彼名義欲如実修行相応〉といふは、かの無礙光如来（阿弥陀仏）の名号は、よく衆生の一切の無明を破す、よく衆生の一切の志願（往生成仏の願い）を満てたまふ。しかるに称名憶念（南無阿弥陀仏を口に称え、心に念じる）することあれども、無明なほ存して所願を満てざるはいかんとならば、実のごとく修行せざると、名義（南無阿弥陀仏の意味）と相応せざるによるがゆゑなり。いかんが不如実修行と名義と相応せざるとす。いはく、如来はこれ実相（仏のさとりの世界、現実世界を遠く離れた究極の真理・真実そのもの）の身（実相身）なり。これ物のための身（為物身《いもつしん》、人間の為の仏身）なりと知らざるなり」（『浄土真宗聖典（註釈版）』、二一四〜二一五頁）
阿弥陀仏の光明は智慧を意味する。この光明はどのような障害物をも、ものともせず、われわれのすべての迷いの闇を照らすのである。ところが、南無阿弥陀仏を口に称え、心に念じても、迷いの闇は消えず、主体的人間になれないとするならば、それは阿弥陀仏が超越的世界にある真実そのものであり、かつまた歴史的時間空間の世界に立ち現れて、この私を救う存在者となっていることを知らないからなのである。人間が主体化されるためには、自己客体化（自己の客観化）が必要である。自己客体化は自分自身によっても、他人によっても不可能である。なぜなら、人間は常に自己擁護（自己の正当化）をする存在であるからだ。これを仏教では煩悩と呼んでいる。真の意味での自己客体化は超越的存在者の働きとしての「智慧」の光に照らされたことの自覚抜きには不可能である。

かくして得られる自己客体化は、「救われない、虚妄の私」の自覚が腹に落ちたことである。この自覚は真実が基準となって「私」に与えられたが故に生まれたものである。真実を基準とすることは、例えて言うなら、料理屋の息子を一人前の板前に仕上げる為に、幼少のころから本物の料理を食べさせ続けることに似ている。この結果、息子は常々「本物料理」を食べているため、為贋物料理はすぐに見破ることができるようになるといわれている。

超越的世界の真実そのものが、智慧の光明となって時間空間を突き破って、この私に降り注ぐ。われわれが真剣に現実に向き合った時、この智慧の光は「南無阿弥陀仏（真実に身をゆだねよ）」という阿弥陀仏の呼び声となって聞こえる。その呼び声が膚に落ち、頷いた時、「私」の口から出る「南無阿弥陀仏」は阿弥陀仏の念仏であると同時に「私」の念仏である。ここにおいて、「虚妄の私（地獄へまっしぐらに進む私）と真実に向かう私（浄土にまっしぐらに進む私）」が同時的に私の中に存在する。『正信偈』において源信を讃えた句「煩悩障眼雖不見、大悲無倦常照我（煩悩に眼がさえぎられて見たてまつることはできないが、大慈悲の阿弥陀仏は、あきらめることなく常にこの私を照らしたまう」は、この状態を示すものであろう。

以上見てきたように、「法性法身」と「方便法身」の「広略相入」、「実相身」と「為物身」の一体性の論理、及び現状克服・自己満足克服の実践的方法としての「十方諸仏の神力加勧」は、欧米中心主義の二一世紀版としての「グローバル支配」に立ち向かう大きな力を与えてくれる。

3　親鸞の思想と平和実現

アメリカが、国連安保理事会の支持・授権決議を得ずに、国際法を無視し、戦争に反対する国際世論を無視して、イラク戦争を開始してから一年が経過した。この戦争は、新保守主義の戦略思想が基礎にあるといわれているが、その思想はバーナード・ルイス（プリンストン大学名誉教授）にあることを臼杵陽氏は指摘し、その特徴を次のように要約している。

「なぜこの本（バーナード・ルイス著『(イスラームは）何故だめになったのか――西洋の衝突と中東の対応』）がベストセラーになるかよくわかる。というのも、ルイスのメッセージは単純明解だからである。

すなわち、中東の人々、とりわけアラブ人とイラン人はヨーロッパ近代に追いつくことができず、かつての栄光ある中世イスラームの黄金時代に比べればだめになってしまい、欧米に対する憎悪と嫌悪に向かって『螺旋降下』してしまい、『イスラーム原理主義』の暴力という狂気の沙汰に走ってしまったと言うのである。このメッセージの政策的な含意はブッシュ政権がイラク攻撃を正当化する大義名分と合致しているのである。すなわち、中東地域、とりわけイラクやシリアなどの独裁国家において民主主義を確立するためには米国は軍事的な介入を行うべきであるという主張に直結しているのである。……西洋に対するアラブやムスリムの不満は全体として根拠がなく、自分たちの失敗や自ら招いた悲惨な状態を外部の勢力、とりわけ、アメリカやイスラエルなどに責任転嫁して非難する自暴自棄的な試みなのである。だからこそ、アラブやムスリムの怒りは理性的な説得ではおさめることなどかなわず、このような非合理的な憤怒を力で取り除くしかないということになる」（「現代思想」四月臨時増刊、六六〜六七頁、二〇〇三年）

ルイスには、典型的な「西洋vsイスラーム世界」という図式がみられ、「イスラーム世界」は「西洋」と異なって、物事を理性に基づいて考える能力に欠けており、民主的政府をつくる能力もない、だから、「西洋」を代表するアメリカがそれをつくってやらねばならないという典型的な「ヨーロッパ中心主義」がみられる。したがって、ヨーロッパに見習うことによって、「近代化」を遂げた日本もその手伝いをするのは当然であるという見解も導き出される。

　アメリカのイラク戦争に対しては世界でも、日本においても大きな反対があることは事実である。この戦争に対しては、例えば二〇〇三年二月一四日・一五日には全世界の六〇〇都市で一千万人が戦争反対のデモに参加するなど、ベトナム戦争反対運動の高まりが「戦争開始後」であったことと比較すれば、新たな特徴が見られる。また、世界でも、日本でも多くの宗教教団が宗派・宗教の違いを超えて戦争反対の態度を明確にしている。自衛隊の派兵に対しても、多くの宗教教団は明確に反対の意志を表明している。

　これらの事実がありながらも、日本においては政治を揺るがす程にまで、戦争反対運動は高まっていない。その理由の最大のものは、西洋中心主義的価値観が宗教的絶対者のごとくわれわれの心に染みついているからである。西洋中心主義は、すでに述べたように、超越的存在を内在化し、その働きを理性として位置付け、それを「神格化」し、その理性の所有者を「西洋人」に限定したことにある。そのような現実を客観化し、問題点を指摘する超越的存在を消滅させた結果、エゴイズムと理性は一体化する。同時に、消滅させられた超越者は、国民国家の絶対性へと解消される。これらの一連の過程の中で、すべての肯定的なものは、西洋と結びつけられ、逆にすべての否定的なものは、非西洋世界に結びつけられることになる。非西欧世界の人々は、その枠組みの中で学問研究を行い、西欧的な単線的発展歴史観こそ普遍的なものと信じるに至った。

　しかしながら、現実の中でこのような思想の虚偽性に気づいた非西欧的世界の思想家たちは、自らの土着の文化と現代的課題の融合による西欧近代の矛盾の克服の道を歩み始めた。その土着文化の典型が宗教であった。この例に倣えば、日本の土着文化としての浄土真宗、親鸞の思想と現代の課題を融合させることによって、われわれも西洋近代の矛盾の克服の道が見えてくるであろう。

　親鸞の出発点は、危機の主体的把握と仏教の原点回帰であった。だとすれば、われわれも平和実現を考える場合、日本国憲法に貫かれている平和主義の主体的把握を親鸞の原点に帰って行わねばならない。それは、日本が犯してきた侵略戦争に対する「慚愧」の心を基盤にすることであろう。しかしながら、「慚愧」の心が生まれても、それが阿弥陀仏によって与えられたものであると同時に、自分のものでもあるという深い確信が必要である。そうでなければ、状況が変化すれば、やがては忘れ去られ、消えて行くものになるであろう。平和を破壊する勢力は、この弱点を利用するのである。この弱点を克服するために必要なのは、阿弥陀仏の超越性と内在性の相互浸透、法性法身と方便法身の相互関連（広略相入）の論理である。この論理を支え、両者を現実に媒介するのが社会的実践なのである。信心は社会的実践を必要とし、社会科学に裏づけられた社会的実践を通じて、信心が明確となり、その信心を通じて社会的実践も「還相の菩薩」の行う他者救済行動となり、その行動の中で平和の実現も前進するのである。信心を得た人々（浄土を見た人々）が「還相の菩薩」として行う他者救済の行動はこのような構造をもっているのである。この具体例を、能登半島珠洲市において真宗大谷派の門徒・僧侶が大きな役割を果たした反原発運動に見ることができる。この運動は、かつての「アジア・太平洋戦争」協力に対する「慚愧」の心に基づく真実信心をたまわった人々が行った、「還相の菩薩」としての行動である。

イスラーム復興運動においても、南アフリカの状況神学においても、宗教が社会において平和の実現に大きな力を発揮しているのは、絶対者の超越性と内在性の統一性の論理、精神的世界と現実社会の不可分性、社会的実践と信仰の統一の視点が存在しているからである。これは親鸞の浄土真宗とも共通している。平和実現のためには、宗教・宗派の違いのみを強調するのではなく、共通するものは何かを探ることが必要であるそのためには、親鸞が述べているように、「言葉」によるのではなく、「教え」によるという「宗教の内容の主体的把握」が必要なのである。

4 結論

西欧近代の価値観の克服の方向性をわれわれは、中東世界を席捲しているイスラーム復興や南アフリカの状況神学同様、親鸞思想にも見いだしてきたが、私は「西欧vs東洋」という対抗的枠組で見ているわけではない。なぜなら、この視点こそが「オリエンタリズムの枠組」そのものであるからだ。サイードが『オリエンタリズム』を著してからすでに四半世紀が経過している。その間に、アメリカのノートルダム大学教授フレッド・ダルマイヤーが『オリエンタリズムを超えて(*Beyond Orientalism*)』(一九九六)で述べているように、「西洋」と「東洋」は、「主体」と「他者」の関係ではなく、両者は「対話」の時代に入ってきている。ダルマイヤー教授は、西洋を基準とした普遍主義の立場はとらない。なぜなら、そのような立場に立つことは、結果的に「グローバリゼーション」と結合した新植民地主義のカムフラージュに役立つだけであるからである。彼は現在を西洋と非西洋との「対等な対話の時代」として捉え、哲学的にはインドの思想家ラーダークリシュナンとドイツの思想家ハイデガー、ガダマーなどの思想家の他者理解の共通項、及び西洋近代の枠を超える方向性をもつインド思想の現代化の意義を解き明かしつつ、「オリエンタリズム」を超える方向性、他者との共生を提起している。ここには「オリエンタリズム」を超える道は、共通に「西洋」にも、「非西洋」にも存在しており、それは「他者理解のあり方」であることが述べられている。この視点はすでに紹介したフランソワ・フルケの視点とも重なり合うものである。

フルケは、ヨーロッパ古代の価値として、「人間」、「自然」、「愛」の概念を吟味することによって、それらがインドの「自他同一性」とつながることを明らかにしている。

インドでうまれ、中国を経て日本に伝播した浄土教が親鸞の理論的基盤となっている。親鸞は古代的世界が中世的世界へ展開を遂げる苦難の時代を生きぬいた人物である。イタリアのマルクス主義者アントニオ・グラムシは『獄中ノート』の中で、「古きものは死につつあるが、新しきものは生まれることができない。この空白期に、ものすごい多様な身の毛のよだつような兆候が現れるのだ」と述べている。親鸞が生きた時代は、まさにこのような時代であった。そのような過渡期の時代にあって、新たな展望を切り開くことができるのは、現実から一歩もひかず、危機を主体化し思想の原点回帰を行うことである。それをやりとげた人物が親鸞であった。われわれが暮らしている二一世紀の現代もまさに時代の変わり目であるにもかかわらず、グローバリゼーション支配を克服する確かな道筋は未だ明確になっていない。このような時代に親鸞を読み解くことはわれわれに大きな希望を与えてくれる。なぜなら、そこには現実を切り開く方向性については、日本のみならず他の地域にも共通するものを見いだせるからである。

第2部

知慧の世界を探る

1

『仏陀阿弥陀経』の問いかけるもの

「釈迦は人を見て法を説く」と言うとおり、お釈迦さまは質問に対して適切な答えをなさいます。たとえば、『仏説観無量寿経』では韋提希《いだいけ》夫人の質問に、『仏説無量寿経』では阿難の質問にお答えになります。ところが、『仏説阿弥陀経』というお経には、質問者がないという点で、他のお経とは異なっております。これはなぜでしょうか？

親鸞聖人は、「この経を無問自説の経という」と申しておられます。つまり、誰から問われたわけでもないのに、お釈迦さまが自らの意志でお話しになったのであります。「一方的に」話をするということは、どういう時でしょうか？　それは自分の意見をまとめる時ではないでしょうか。こんな場合には、質問に答えることはありません。お釈迦さまは、西方浄土にいらっしゃる阿弥陀さまとその救いについて『仏説無量寿経』、『仏説観無量寿経』において、お話しになったものすべてをまとめようとされたのでございましょう。したがって、このまとめのお経である『仏説阿弥陀経』を理解できれば、仏法のすべて、とりわけ浄土教の真髄が分かるといえましょう。

では、このお経を解説してゆきましょう。

この『仏説阿弥陀経』は大きく見れば、二段に分かれております。

まず、始めの部分では、西に向かって十万億の仏国土を越えた向こうにあるとされる極楽の様子が語られています。極楽には四角い七宝の池があり、七重の並木道があり、七重の欄干があります。池には車輪のような大きさの蓮の花が咲いていて、その下の泥は金でできています。池の四方にある金銀や宝石でできた階段を昇っていくと神殿が建っている……ちょうどその様子は、ヒンドゥー教の聖地を思わせる情景であります。

ところで、極楽は七づくしです。なぜ七なのでしょうか。

小学校入学は数えで七歳です。女の子も十七歳になるとすっかり娘らしくなります。人間の節目は七で進みます。教育学でも発達の節目を七とみるようでございます。野球でも、ラッキー・セブンといいまして、七回の裏で逆転もよくあり、試合の流れが変わることも見られます。アフリカでも、どこの国でも、七を意味のある数字とすることが多いのは、万物が七で変化することを古代の人が、経験的に知ったからでございましょう。だから七は尊いのです。

墓地の入口には地蔵さんが六体並んでいらっしゃいます。そこを越えると、お墓であります。七は真実の世界、六は娑婆の世界、お地蔵さんはその境にあります。

お釈迦さまは生まれるとすぐ、「七歩」歩いたといわれます。七とは真実であり、「七歩」歩いたという言い伝えは、お釈迦さまが真実と救いを伝えるために、この世に生を受けたことを意味します。このように、六と七との違いを見ていくと、曜日も七日あり、人が亡くなって、初めての七を迎えるのが初七日です。この日には、それまでと違う、高まった「私」になっていなければならないのです。ちょうど幼稚園に通っていた子どもが、小学校に入学して、ぐんと成長するのと同じです。また次の二回目の七日でこれが変わり、また次の七日、次の七日と進んでいき、その満ち足りた数、すなわち七の満数で四十九日となります。四十九日になると真実に目覚めさせられて、生きる気力が得られ、前に向かって進んでいける自分になるように、七を節目としてお勤めをしていくという意味、そんな意味が七にはあるのではないでしょうか。

さて、お釈迦さまはそんな極楽の話を舎利弗《しゃりほつ》に向かってお話しになります。

説教は誰かに向けてなされるのが普通でございます。例えば「お盆」の話で有名な『仏説盂蘭盆経《ぶっせつうらぼんぎょう》』では、弟子の目連《もくれん》（摩訶目犍連《まかもくけんれん》）を選んで話したもので、地獄に落ちている目連の母親を救う道筋を指し示すときの話であり、『仏説阿弥陀経』は長老舎利弗に向かって話したものであります。舎利弗は有名な十六人の仏弟子（十六羅漢）の筆頭であります。長老というのは別に最年長だったというわけではありません。智慧一番とされる舎利弗は、お釈迦さまの弟子になる以前、哲学教団を開いており、弟子百人がいたそうであります。舎利弗は友人の目連と、自分たちよりも偉い人が出てきたら、弟子になろうと話していましたが、お釈迦さまに出会い、自分の弟子を引き連れて目連と共にお釈迦さまに弟子入りいたしました。一番弟子舎利弗、二番弟子摩訶目犍連《まかもくけんれん》と十六番目の弟子まで名前が出て参ります。これらの弟子たちには、智慧一番、神通力一番、記憶力一番、頭の悪さ一番など、特色がございます。頭の悪さ一番の周利槃陀伽《しゅりはんだか》も悟りをひらきますが、これは、悟りは誰でも得られるということを示したものでしょう。その説得力は抜群でございます。なぜなら、秀才は自分の理解は速くても、自分のペースで普通の他人を常に説得できるわけではありませんが、愚かな槃陀伽の獲得した悟りの力は誰をも説得できるからなのです。あまりにも頭の切れ過ぎる人は「先生」に向かないという話を聞いたことがありますが、納得がいきます。また、お釈迦さまの息子である羅睺羅《らごら》は細かい戒律を守るのが一番すぐれていたといわれており、あまり個性が強くありません。父親が立派過ぎたからでしょうか、何だか分かるような気がいたします。それはともかく、仏弟子はいずれも、なかなか人間味があって親しみがもてますし、人間にはそれぞれ個性があり、その個性を伸ばせば誰でも立派になれるということを示しているように思われます。

一番弟子の長老舎利弗、現代にいうところの組織の事務局長であるその舎利弗に向かってお釈迦さまは、次のような質問をなさいます。

「西方極楽浄土にいらっしゃる仏を阿弥陀と申し上げるが、何故に阿弥陀というのか、舎利弗よ、あなたは知っていますか」。お釈迦さまは、舎利弗の答を待つことなく、次のように自分で答えられます。「その方は、光に於いて限り無く、いのちに於いて限りない、だから阿弥陀仏と申し上げるのだ」。

仏教では光とは智慧をさします。智慧とは真実を見る力を意味します。われわれも日常あの人は世間に暗いとか、明るいとか申します。知っていること、知らないことを明暗で表します。光は智慧であり、その智慧に触れるとわれわれは真実に目覚める、そんな智慧を光という言葉で表現します。いのちとは慈悲、すくいとる力をさします。それに触れるとわれわれはすくいとられ、生きる力が湧き、前に向かって進むことができる。みな手を取り合って前に向かい、進もうというのが慈悲のはたらきでございます。真実に目覚めるということは行動と一体のものなのです。真実に目覚めてこそ、生きる力が湧いてくるのであります。

さて智慧と慈悲において限りないお方、その方を阿弥陀如来と申し上げます。この阿弥陀とはインドの古代のサンスクリット語の「アミタ」を漢字であらわした言葉でありまして、「かぎりない」という意味であります。インドでは現代のヒンディー語でもアミットという言葉がありますが、これは「かぎりない」という意味を指す言葉です。阿弥陀さまとわれわれが言うのはその音を中国で漢字に表わしただけなのです。それが日本にもたらされたのでございます。正確にはアミダではなくアミタと申します。つまり、阿弥陀さまとは、その名のとおり「かぎりないお方」なのでございます。

さて、阿弥陀さまのいらっしゃる西方極楽浄土、真実に満ち溢れた七の世界に誰もが行きたいのは当然のことでございます。それには、どうしたらいいのでありましょうか。こんな結構なところへ行くには努力が必要であると誰もが考えることでしょう。努力なしで行くのは、虫がよすぎますから。まず、第一に考えますのは、生前に善根功徳を積むことでございましょう。「生前に、いいことをしておかないと、地獄へ行くぞ」という言葉は今日でも、よく聞かれます。

ところが、善根功徳を積むことは、極楽浄土行きの切符を手に入れることではないのでございます。善根功徳とは、親孝行・寄進・人助けなどがあげられますが、これらの行為をすればよいのかといえば、そうではございません。この娑婆世界においてわれわれ人間が行い得るすべての善根功徳、それでは極楽浄土には行けないのでございます。なぜかと申しますと、それは気持ちがあってもできない人がいるからでございます。親孝行をしたくても親をすでに亡くしている人には親孝行ができません。お寺に寄付をしようと思っても、お金がなければできません。お経に述べられていることを学びたくても、学問がなければできません。つまり、条件がなければ、善根功徳を積むことはできないのであります。したがって、極楽浄土に行くための条件に善根功徳をあげることはできないのです。また、善根功徳を積んで身を清らかにして仏になるというのも不可能でございます。なぜなら人は生身であるからには、いくら難行苦行しても人間であることに変わりないからです。おなかも空くし、トイレにも行きたくなる。このような現実を越えることはできないために、自らの力では仏にはなれないのでございます。つまり、自ら仏になるということは、もともと不可能だし、条件も整っていないということなのでございます。「わずかばかりの善根功徳では、とても極楽浄土に生まれることはできない」とお釈迦さまは申されますが、「わずかばかりの善根功徳」とは、量の大小をいうのではなく、私たちがこの現実世界において行う「すべての善根功徳」をさし、これによって極楽浄土へは行けないことを示しておられます。

そんなどうしようもない人間を救うために、御出生あそばされたのが阿弥陀さまなのです。阿弥陀さまは私たちに向かってこう申されます。「私が慈悲を説くのを聞いて、よくその名前を信じて、時の多少を考えずに念仏すれば」、極楽浄土に生まれることができます。「お前たちを必ず救ってやるぞ、お念仏を申しなさい」。その声を聞いて、疑うことなく信じ喜び念仏をすれば、必ず極楽浄土に行けるのでございます。

阿弥陀さまのおっしゃるように、私たちは簡単に浄土に行けるのでしょうか。実際の行為で人を踏みつけにしておいて、ただ「南無阿弥陀仏」と申せば浄土に行けるのでしょうか。それには無理があるように思われます。なぜなら、「阿弥陀の声」を聞くという条件があるからです。これは難しいことでございます。阿弥陀の声を聞き、その声を信じ喜び、お念仏を申し上げたら浄土に行けるということは、阿弥陀の声が聞こえずに念仏を唱えても、浄土へは行けないということになります。このような状態における念仏は、ただの音にしかすぎません。ただの音では意味がないのでございます。

では、阿弥陀さまの声を聞くとはどういうことでありましょうか。まだ会ったことのない阿弥陀さまの声を、どう聞いたらいいのでありましょう。聞くこと自体が不可能なことでしょうか。いや、そんなことは心配することはございません。阿弥陀さまの声は誰にでも聞こえるのです。実際、みんなそれを聞いているのです。

阿弥陀さまの声を聞くというのは、心の耳で聞くことなのです。自分で自分の醜い姿が見えたとき、それが阿弥陀さまの声を聞いたと考えるべきではないでしょうか。自分の醜い姿が見える、自分で自分は絶望的だと悟ったとき、これが阿弥陀さまの声を聞いたことなのです。人間というものは、なかなか自分を最低だと思わないものです。よくアンケート調査で、「あなたの暮らし向きは」と聞かれると「中」と答えるそうでございますが、世界的視野に立って見れば現実にはそれ以下でございます。自分はそこそこのものだと考えがちでございます。東京でマンション住まいをしている人がいたとして、例えばフランスの生活と比べれば、フランスでは中流の人は7LDKくらいには住んでいると申しますから、日本のGNPからいけば14LDKに住んだっていいわけです。ところが、実際は欧米人が「うさぎ小屋」と言って笑っている3DKに日本人は喜んで住んでいるのです。

なかなか真実というのは見えないものです。自分のことは贔屓目《ひいきめ》に見てしまうのが人間だからでしょうか。しかし、絶望的な自分の醜い姿が見えるときがございます。それはあまりいい場面ではございません。まず親をなくしたとき、商売で大失敗したときなど、人は地獄を見たといいます。もう生きる気力がない。親が死んでこれから先どうやって生きていったらいいだろう。これはもう絶望的です。商売で大きな、一生かかっても返せぬ借金ができた。いっそひと思いに、一家で心中しようか、などと考えたりいたします。だったら死ねばいいのですが、なかなか死ねません。それは、人間に煩悩というものがあるからなのです。生きていたい、死にたくないのです。そんなときはたいてい、「ええ、もう死んだ気でいってやれ」となります。これは強い力です。とことんまでいけば、もうそれ以上落ちないのですから。本当に絶望感を感じたら、もうそれより下の絶望はないといえます。そういうときは、今まで何故か八方塞がりで行き場がないと思われていたのに、不思議と自分の進むべき道が見えてくるものでございます。開き直りというものでしょうか、地獄を見た人は強いと申します。なんでも、どん底まで行くと強いといえます。もうそれ以上落ちはしないので、逆に安心していけます。しかし、そのような状態になるためには、日常的にお念仏をあじわっていなければなりません。「すくわれないあなたをお救いします。お念仏を申しなさい」という阿弥陀さまの呼び声を聞かせていただく生活が必要なのです。すると前が見えてまいります。その道が見えたこと、その道に向かって確信を持って進むことをこそ、阿弥陀さまの声がふにおちたと言えるのではないでしょうか。

阿弥陀さまは常に私たちに救いの声をかけておられるのですが、聞く耳がないから聞こえないのです。不幸にあってはじめて、聞く耳がもてるといえるのでございます。その不幸にあったときというものは、目覚める唯一のときなのでございましょう。人は死んでどこにいくのだろう、とよく言う方がおられますが、命終して仏になり、われわれを導いてくれるのです。なぜなら、今日このように年忌法要を縁として私たちを集め、人生って何だろうと考える場所を与えてくれているからです。考えるというのは、亡くなった人が仏となられて、みんなに問いかけてくれているのです。まさに仏さまになられた証であります。宴会をやるから集まってくれと親戚を呼んでみても、みんな用事があって来られません。しかし、年忌法要を勤めるとなれば、用事もふせて集まることができる。これができるということは、命終して仏になったがゆえに、人を集めてくれた証拠ではないでしょうか。ただみんなが集まっただけではなく、その場が自己を見つめ如何に生きるかを考える場にするのが、法要の意味であります。一年に一度くらいはこのように考える日があってよいと私は思います。法要とは、死者への供養ではなく、自分がいかに生きるかを考える場なのでございます。

このように、阿弥陀さまが「お前たちを救ってやるぞ、お念仏を申せ」という声は、人に自分を省みさせようとすることなのでございます。人には自分の姿を見る力はございません。それが見えるということは、何かの力で見せてもらっているということでございます。それが阿弥陀さまの「不可思議の願力」なのでございます。阿弥陀さまのすくいに身をお任せするしかない。とことんまで落ちて、絶望の中で道が見え、ああ、これしかないと思うこと、それが信心であります。その方向に向かって生き抜く、そうして人という人が、手を携えて生きていけば、これ以上すばらしいことはございません。

このような、確信を持って生きる道が目の前に開かれることが、信心でございましょう。その確信に基づいて、たゆまず歩み続けること、これが念仏でございます。したがって、信心と念仏は一体のものなのです。こうと分かったら、そう行動せずにはいられない。認識と実践の一体化と考えることができましょう。そこに貫かれているのは、平等な主体的人間としての生き方であります。このような生き方を人類が貫けばもちろん戦争も起こらない。貧困も起きない。まさに、そういう世界の実現を『仏説阿弥陀経』は言っているように思われます。

浄土真宗ばかりでなく、他の宗派でも、基本はみなここに落ち着くように思われます。まさにお釈迦さまは、この仏教の基本をおっしゃられたのではないでしょうか。その意味でも、『仏説阿弥陀経』は結びにふさわしいお経でございます。

このお経において、お釈迦さまは自分の教えを締め括ったにとどまらず、この教えが、真実であることを強調されます。この教えを、もし疑う者がいたら、東西南北上下の六つの世界にそれぞれの仏国土がございますが、そこにいらっしゃる仏さまに聞いてみるといい。すべて釈迦の言ったとおりだとおっしゃるだろう。そう強調されます。自分のいう言葉が、永遠不変の昔から存在する真実であると強調しておられるのでございます。短いお経ではございますが、ここには、仏教の真髄があるように思われます。

親鸞聖人の申されるように、無問自説の経、誰から問われることもないのに、自ら語った結びの経にふさわしいお経が、この『仏説阿弥陀経』でございます。

2

『仏説無量寿経』と現代社会

浄土三部経といわれる中でも、これは非常に重要なお経でございます。親鸞聖人は、ご著作の『教行信証』において、「真実の教えとは何か、それは仏説無量寿経である」と言っておられます。なぜ真実の教えかと申しますと、「われわれを救うために、なぜ阿弥陀さまはこの世にご出世あそばされたのか、またどのようなお方であって、どのようにしてわれわれを救われるのか」ということの根本的理由が説かれているからなのでございます。このお経がなければ、『仏説観無量寿経』も『仏説阿弥陀経』も現れることができないと言えるでしょう。一言で言えば、このお経は、阿弥陀さまはどのようなお方であり、どうやってわれわれを救われるのか、という具体的な道をまとめたものということになります。

一般的にいって、もともとお経というものは、その時々に誰かの質問にお釈迦さまが答えるという形式をとっております。「釈迦は人を見て法を説く」というとおりでございます。その時にお釈迦さまが語ったことを、後に弟子たちが文字に起こしたものがお経でございます。ですから、「如是我聞……」のように「～と私は聞いている」という書き出しで始まっています。したがって、お経とは、お釈迦さまの論文集ではなく、説教集であるといえます。

さて、この『仏説無量寿経』の構成はどのようになっているかと申しますと、まず他のお経と同じように、お釈迦さまが説教をする場面からはじまります。目の前には弟子がたくさんいらっしゃって、その後ろに多くの菩薩《ぼさつ》がいらっしゃるというところから始まるのであります。このお経ではこれらの菩薩とはどういうお方か、ということから内容が展開されます。菩薩とは、古代インドのサンスクリット語のボーディーサットバという音を漢字であらわしたもので、その意味は、「目覚めた方」であります。つまり、「悟りをひらきたい、皆を救いたい」という情熱に目覚めて修行している方のことで、仏さまになる候補者だと考えてよいと思います。

これらの菩薩は、お城に生まれた王子でございます。生まれたときから大変すぐれておられまして、生まれるとすぐ七歩歩いたとか、皆のために尽したいと申されたとか、お釈迦さまの誕生、生活と同じようなことが述べられており、長じては数学、芸術、武道など様々なことを学び、王になるべき人として暮らしています。ところが、ある時たまたまお城の東の門を開いて外を見ますと、老人がいます。王子はそれを見て、人というものは老いるということを知って怖くなって城内に戻ります。ある時、南の門から病人を見て、人が病に苦しむことを知り怖くなって戻ります。またある時、西の門から葬式の行列を見て、人というものは死ぬということを知って城に入ります。ところが、ある日のことです。北の門から外を見ると、非常に気高い人をごらんになります。家来に尋ねると、修行した僧であることが分かります。「人は修行を積んで悟りを開くとあのように立派な生き方ができるのか」、ということを王子は知って、家来を連れ、馬に乗り、城を出て山に入ります。そして、きれいな服を捨て、頭の毛を剃り落とし、ぼろをまとい、六年にわたる苦行をいたします。

さて、王子の「出家」には、重要な意味があるように私は思います。よく「出家」と言う言葉は用いられますが、同じ家を出るのでも、「家出」とはどう違うのでしょうか。「出家」とは、民衆の苦しみの中に自分も入り、その中で自己の悟りと民衆の救済を行うことを一体のものとして考えて、行動することだと私は思います。十九世紀のロシアに「ヴ・ナロード」という社会変革運動がございました。「ヴ・ナロード」とは「民衆の中へ入る」という意味です。「出家」とは、まさにこれと同じ意味であります。したがって、悟りを開こうと無責任に何もかも放り出して山に入るというわけではございません。民衆の苦しみを自分も体得しつつ、そのことを通じて悟りと民衆の救済を実現するということであります。王子であるからには、城にいて、何不自由なく暮らしていればそれでいいわけで、あえて苦労をする必要はありません。それを断ち切って、富と権力を断ち切って、民衆とともに歩むということは、まさに「苦行」そのものであります。

恐らく、お釈迦さまはわれわれ同様に、次のようなことを感じられたのではないでしょうか。「人間の苦しみというのはかぎりないもので、滅することはできない。しかし、苦しみは分かちあうことで減ってゆくものではないだろうか。喜びは、逆に、分かちあうことで倍になる」。苦しみや喜びを分かち合うことによって、連帯感が生まれ、苦しみの根源が社会体制そのものにあることが分かった時、諦めることなく、それを変革しようと立ち上がります。私たちの間でも、いやなことがあると、親しい友人や家族のものにその話をして、苦しみを減じます。入院して、痛みに苦しんでいる時、看護師さんに手を握られ「頑張って下さいね」と言われますと、楽になったような気がします。これは、民衆の連帯感のもつ力なのです。自分の喜びを、皆が祝ってくれるのは本当に嬉しいものです。苦しみと悲しみは分かち合えば、減少し、喜びは分かち合うと増加するものです。ですからお葬式と結婚式には、多数の人が出席するのでございましょう。また「苦行」は単に肉体的なもののみを意味するものではないと、私は思います。その根本的意味は、「自己中心的な生き方」から、「民衆の連帯を基礎にした生き方」へと自己変革を遂げることの「苦悩」を表しているのであります。

「出家」とは、民衆の苦しみの場に入っていき、そこから学びつつ、生きる道筋を確立して、それを皆に返す、そんなものではないでしょうか。これに対して「家出」とは、ただ無責任に自分勝手に家から飛び出していくことであります。重要なのは民衆の苦しみを自分のところで受け止めていく、そして解決の道を提起し、民衆とともに歩んでゆくことであります。仏教は世間の暮らしから離れていくのではなく、暮らしの中にないといけないということが分かります。菩薩の歩まれた道からは、そのようなことが言えるように思われます。（これらの菩薩の説明部分はサンスクリット本には述べられていません。）

お釈迦さまに対して、弟子の阿難は次のように申します。

「お釈迦さま、今日は誠にお顔も輝いておられます。今日のような尊いお姿を見たことがありません。まるで、仏自らの悟りの境地に入っておられるようでございます。これは仏さまと一体になっておられるからでございましょう」

するとお釈迦さまは、「そうだ、その通りである。これからその仏である阿弥陀仏のいわれを説きましょう」というところから本論が始まります。

さて阿弥陀仏は最初の仏ではないのです。阿弥陀仏がこの世に出られるまでには、たくさんの仏さまがいらっしゃったのです。過去には五十三人の仏さまがいらっしゃって、五十四番目の仏さまを世自在王仏《せじざいおうぶつ》と申します。この世自在王仏の話を聞いて、感じ入った菩薩がいらっしゃいました。この方は、ある国の王子でありましたが、富と権力をすべて捨てて、民衆の中に入った方であります。それが法蔵菩薩《ほうぞうぼさつ》であります。法蔵菩薩は世自在王仏のもとにゆき、仏の足に手を触れて、その手で自分の額をさわり、右回りに三回回ってお辞儀をし、賛歌を歌い、仏の徳を讃えて、「悟りをひらきたい、民衆を救いたい」という自分の決意を述べられます。その決意をお聞きになった世自在王仏は喜んで、「大海の水も杓《しゃく》で汲めばいずれはなくなる。そうすれば、大海にかくれた宝がその前に現れるように、かならず悟りはひらくことができる」と語って、法蔵菩薩を勇気づけられます。

法蔵菩薩は、悟りをひらき、民衆を救うためどうすべきかを世自在王仏に問われます。この問いに対して

「先生」は二百十億の諸仏の国土の優劣、そこに住む人々の善悪を説き、それらを目の当たりに見せてくれます。いわば、先生は二百十億の問題を与えられたのです。この問題を解いていくうち、悟りと民衆救済の道がひらけるわけでございます。しかし、それを解くというのはたいへんなことであります。この法蔵菩薩の態度を見る時、いつも思い出すことがあります。

私は、二十三歳で大阪外国語大学を卒業しましたが、もっと根本的に学問を深めたいと思いまして、大阪市立大学文学部哲学科の三年生に入学し直し、森信成先生のご指導を受けました。先生に自分の決意を述べますと、先生は、「フォイエルバッハの『キリスト教の本質』を読んで、毎回ゼミで発表しなさい」と申され、約半年間、私ばかり発表させられました。褒めていただくことは皆無で、毎回批判のみ頂きましたが、それでも終わり頃には、何とか光が見えてきたように思いました。すると、先生は、「理解できたからそれでよろしい」と申されました。何か、この時から物事を分析する力がついたように思いました。私の場合、学問の入り口でも、これくらい暇がかかり、今なお、学問と奮闘中でございます。恐らく、一生かかることでしょう。

したがって、法蔵菩薩が「先生」から与えられた問題を解くにはものすごい時間がかかったのは当然であります。どれだけかかったかといえば、五劫の間だとお経には書かれています。劫《こう》とは古代インドのサンスクリット語のカルパを音訳した「劫波《こうは》」の略であります。この言葉の意味にはいくつか説があります。現代インドのヒンディー語では、カルプといいますが、一カルプとは、二十三億三千万であると辞書に出ております。したがって、五劫とはその五倍ですから、百億近い日数となります。また、古来からの説明によりますと、三十メートル四方の石の上に百年に一度、天から天人が降りて来て、その度に着物の裾で一回こすり天に戻っていくそうです。天人は百年に一度降りてきて擦っては上がっていくわけですから、これを繰り返すうちにだんだん石も擦られ、ついに石はゼロになります。その時間が一劫、という説もあります。天人の衣は擦り減らずに、石の方が擦り減るというのは、なかなかおしろいと思います。とにかく、長い長い時間であります。そんな長い間考えて考えて、床屋さんへ行ったのだろうかと心配する人もいたようでございます。奈良市の五劫院（華厳宗）のご本尊は五劫思惟《ごこうしゅい》阿弥陀仏《あみだぶつ》でございますが、この仏様の頭は毛だらけです。五劫の間、散髪にいかなかったためにそんな頭になってしまわれたのです。そんな長い間考えたすえ、やっと法蔵菩薩の、仏となる誓いが完成いたします。そこで、喜んで世自在王仏に告げますと、喜ばれ、「では、皆の前で誓いなさい」と申されます。法蔵菩薩のお立てになられた誓いは、四十八ございます。いずれも「わたしが仏になったら～をします。もし～ができなかったらわたしは悟りをひらかない」という言葉になっています。

法蔵菩薩は見事に誓いを果たされ、仏となられます。この仏さまが阿弥陀仏でございます。

阿弥陀さまがわれわれを救うために仏となられてからどのくらい時がたったかといえば、「今に十劫をへたまえり」と親鸞聖人の御和賛にございますように、十劫であります。そんな気の遠くなるような昔から、仏となっておられるのが、阿弥陀さまでございます。この法蔵菩薩の第一番の誓いは、次のようなものです。「わたしが仏となった時、私の世界（西方浄土）には、地獄餓鬼畜生をひとりも存在させぬようにする。それができなければ、私は仏にならない」。つまりこの世に貧困、憎しみ、戦争などを起こさせぬという誓いであります。不正、悪、差別、貧困を一掃することは、菩薩たちが民衆の中でその苦しみをとらえ、それを救おうとした心につながっているように思われます。これは仏教の根源的な願いであるがゆえに、第一番にきているのです。悟りを自分の心の安定だけに限定し、政治的抑圧、弱者に対する差別、貧困の強制には目をつぶり、これらに不平や怒りを述べて、行動する人々を「仏教的でない」と言って非難する人がいますが、これは根本的に間違っています。これは、本当の悟りとは相容れないものであります。社会的な不幸がある限り、救いはないというのが仏教的立場なのです。

二番目の誓いは、「その国に生まれた者が死んだ後も、また地獄餓鬼畜生を繰り返さないようにする。それができなかったら、私は仏にならない」という誓いです。これは、貧困、戦争、憎しみのない世界を永遠に保証するという意味でありましょう。三番目は「この世界（浄土）に生まれるものすべてを黄金色にする」という誓いです。黄金色とは、色の中で一番尊い色のことです。この世には白人、黒人、黄色人など肌の色が違う人々がいます。とりわけ、その中でも白人が一番尊くて、他は劣っているという人種差別があります。これは、昔からあったものではなく、基本的にはアジア・アフリカ・ラテンアメリカの植民地支配を可能にするために西洋がつくりあげたものなのです。しかしながら、浄土では特定の具体的な色、例えば南アフリカのアパルトヘイトのように「白」を尊重するのではなく、みんなを黄金色にすると、法蔵菩薩は言っておられます。この意味は浄土では、それぞれ一人ひとりが基本的人権をもち、平等で、互いに尊敬しあう素晴らしい人間にしてあげようということでございましょうか。四番目は、「この世の人間をすべて美醜がないようにする」という誓いであります。

私は子どものとき、父に『仏説無量寿経』の読経を教わっていました時、不思議に思いました。「お父ちゃんも、お母ちゃんも、映画俳優のようなすてきな顔をしていない。法蔵菩薩のお誓いは嘘だ」。父にこのことを尋ねますと、こんな答が返ってきました。「おまえは、あほか。どこに、目はぱっちり、鼻筋はすっきりと書いてあるか。差別がなく、戦争もなく、飢えることもない、一人一人が尊敬される世界では、誰もが未来に希望をもち、生き生きといきることができるではないか。そんな世界にいるひとは皆、魅力的ないい顔になるではないか」。私はなるほどと思いました。確かに世界に地獄餓鬼畜生がなくなって、みんなが平等になれば顔も輝くことでありましょう。

このように、十番目くらいの誓いまではわれわれが読んでもすぐに分かるようなことばかりが並んでおります。これらの言葉は、戦争放棄、恒久平和、基本的人権等の実現といった日本国憲法の基本柱となるものであります。「日本国民は、国家の名誉にかけ、全力をあげてこの崇高な理想と目的を達成することを誓ふ」と言う言葉で、日本国憲法の前文は締めくくられていますが、われわれはここに、法蔵菩薩の誓いと同じものを見ることができます。しかし、その実現が難しいのは、いうまでもありません。その実現のためには、どうすればよいのでしょうか。法蔵菩薩は、十二番目の誓いと、十三番目の誓いにおいて、こう言っておられます。

「(十二)わたしが仏になったなら、ひかりにおいて限りない存在となる。そして、(十三)いのちにおいて限りない存在となる」

仏教では「ひかり」とは智慧、「いのち」とは慈悲をさします。「ひかりにおいて限りない」とは、すべてを知るということを意味し、「いのちにおいて限りない」とは、限りない慈悲で皆を救いとろうということでございます。どんなに慈悲から縁遠い人でも、真実に目覚めさせて救いとろう、それができなければ、わたしは仏にならない、と法蔵菩薩は誓われ、阿弥陀仏となられたのでございます。さて、それではわれわれは、どうしたら救われるのでしょうか。それは十八番目の誓いに述べられていいます。この誓いの内容は次のようなものです。

「『あなた方を救ってあげましょう、念仏を申し上げなさい』という私（阿弥陀仏）の声を聞き、疑いの心なくそれを信じ喜んで、お念仏を申したならば、浄土に生まれることができます。が、五逆罪を犯した者と正しい教えを謗《ののし》る者は、この救いからはずします」

阿弥陀さまの声を聞くとは、どういう意味でしょうか。これは難しいことですが、私は、それはわれわれが自らの醜い姿に気づくこと、正確に言えば気づかされることではないかと思います。われわれには煩悩があるため、本当の自分の姿は見えません。しかし、それが見える時がございます。それは、絶望の淵に突き落とされた時であります。一家の柱となる親を亡くした、一生かかっても返済できない借金をかかえた、最愛の人に裏切られた、取り返しのつかない大失敗をしたなどの時です。そういうとき、真実の自分の情けない姿が見えてしまう。いや、正確に言えば、「見せられる」のです。これは自分で気づくのではございません。また、他人から教えられるのでもございません。もしそうなら、すでに、まともな生き方ができていて、がつくりくることもございません。他人によってでもなく、自分によって気づかされるのでないとすれば、阿弥陀さま以外にはございません。われわれは、自分の絶望的な姿は、阿弥陀さまによって気づかされるのであります。自らはどうすることもできぬ「この私」を救ってあげましょうと申されるのが、阿弥陀さまなのです。

絶望の時、人がとる道はふたつしかございません。つまり、生きるか、死ぬかのいずれかなのです。人には煩悩がありますので、死のうとしても、なかなか死ねません。どん底まで落ちれば、それ以下はありません。それが心の底から分かれば、生きる力がわいてきます。阿弥陀さまの声を聞くと申しますのは、自分の醜さ、無力さが見せつけられることであり、同時に選択の余地のない、自分の進むべき一筋の道、方向性が示されることであります。それが腹に落ちることが、信心をいただかせていただいたということであります。その道が示されれば、その道筋にしたがって歩んでいくしかありません。この決意と行動が、お念仏を申し上げることとの内容ではないでしょうか。「私の呼び声を聞き、信じ喜び、お念仏を申しなさい」ということは、醜い自分の姿に気づき、それをきちんとおさえて、進むべき一筋の道を歩みなさいということであります。もしそういう自覚をすべての人がもつことができれば、この世の貧困や差別や戦争は起こらないでしょう。なぜなら、自分だけでなくすべての人間はみな同じように愚かな存在であり、みな平等なのですから。だから皆、兄弟姉妹として、手を取り合って進んでいこうという気持ちになるのではないでしょうか。そうすれば地獄餓鬼畜生はなくなることでしょう。

ところで、お念仏の意味は今日では、分かりにくいと思います。日常の中に、お念仏が溶け込んでいないからなのです。お念仏とは、「南無阿弥陀仏」であります。「南無」とは、親鸞聖人によれば、「たよりとする、おまかせする」という意味であります。自己中心主義的に色々勝手に考えて行動するのではなく、そのような自分から離れて、客観的なるもの、普遍的なるものに自己を位置付けることであります。そのことによって、醜い自己中心的な自分の姿が目の前に示されることによって、自己の人間的前進が可能となるのでありますます。これが、人間としての主体性の確立であり、そこからは自立的な生き方が可能となります。南無阿弥陀仏とはアミタ（絶対者）に自己をゆだねることによって、主体性を確立する決意であり、喜びであり、行動なのであります。「あなたを救ってあげましょう、お念仏を申しなさい」という阿弥陀さまの呼び声を聞き、その声を信じ喜び、口からお念仏が出るというのは、自己中心的な「自分」を乗り越えた、主体的な、他人と連帯できる自己形成の確信とその喜びにほかならないのです。

では、すべての人が主体的な自己確立ができるのでしょうか、また他人と連帯することの論理構造はどのようなものなのでしょうか。『仏説無量寿経』では、自己確立と連帯を可能にするためには、一つの条件があります。それは「唯除五逆罪誹謗正法」(五逆罪を犯したもの、正しい教えを罵る者は救われない）ということです。これはどういうことでしょうか。親鸞聖人の教えの中で重要なのは、すべての人が浄土に生まれる、救われるわけではないということでございます。どんな人が救われないのかといえば、五逆罪を犯したもの、正しい教えを誇《ののし》る者であります。われわれ一般民衆はどうでしょうか。われわれも悪いことをいたします。あいつは憎いやつで、殺してやりたいと思うこともあります。そんなことを思うわれわれは、救われないのでしょうか。そうではありません。そんなわれわれは阿弥陀さまの呼び声によって、悔い改め、自分の無力さを自覚できるからなのです。われわれは失うべき富も権力ももってはいません。しかし、富と権力をもっている人間はそれに執着することによって、自己を悔い改めることができないのです。そんな人間が救われる道はただひとつ、それらを棄て、一市民として生きるしかありません。が、なかなかそれはできないのであります。富と権力を持ち、それを固守するものには、阿弥陀さまの呼び声が聞こえないのだと思います。

お釈迦さまをはじめとする菩薩たちは富や権力を棄てて生きる道を選ばれましたが、現代日本における富と権力の亡者たちにはそれはできないことでありましょう。したがって現状のままでは救われることはないと思います。このような人々は仏敵であります。われわれ民衆は仏敵以外の人々となら、手を携えて歩むことができましょう。よく、この点を曖昧にして「みな手を携えて」と言う人がいますが、それは誤りであります。仏敵と手を携えることから得られるものは、民衆にとっては戦争、飢え、死以外にありません。これは、まさにアジア・太平洋戦争が証明しています。その惨禍から生まれた日本国憲法と法蔵菩薩の四十八願の誓いに共通点があるのは不思議なことではありません。

富と権力をもつものが、民衆と手を携えたいと本当に願うなら、条件は一つ、まず、富と権力を棄てるということです。そうすれば、民衆のもとに合流することができます。そうすれば救われるのです。そういう点では、仏教、とりわけ浄土真宗は、非常に厳しいものだと言えます。庶民はみんな手を取り合ってやっていける。したがって御同行御同朋といえる民衆は、アメリカ人でもアフリカ人でも中国人でも、平和実現のために、みんな手を携えてやっていけるのでございます。その動きは、すでにNGOと呼ばれる国際的なつながりをもつ民間ボランティア活動にもその可能性をみることができます。肝心なことは、「自分とは何か」を問い求めることであります。それが阿弥陀さまの信心と念仏に纏まっております。真の平和、平等を求めるとき、その実現は信心と念仏ということにはじまり、最終的にそこに落ち着き、そこから現実をもう一度見ていかなければならないのではないでしょうか。

阿弥陀の四十八の誓いは、十八番目の誓いに、すなわち「あなたたちを救ってあげましょう、お念仏を申しなさい、その声を聞いたら疑いの心をもつことなく信じ喜び念仏をしなさい」に、みんな収まってゆき、ここからまたみんな外へ向かって出ていくのです。これが『仏説無量寿経』の一番肝心なことなのではないでしょうか。まさに真実のなかの真実であり、「真実の教え」と親鸞聖人が申されたとおりでございます。現代の娑婆世界におこっている現実の問題もすべて、この『仏説無量寿経』をおさえれば、きちんと解決の鍵は得られるように思います。

本年（一九九五年）は、本日のように、五十回忌法要が数多くつとめられます。この法要は、ほとんどが、第二次世界大戦にかかわるものであります。私は、亡くなられた方々が仏となられて、『仏説無量寿経』を通じて私たちに向かって、「戦争をしてはならぬ。権力者とともに歩んではならぬ。主体的な自己確立を行って、真実を見抜き、民衆の連帯によって、平和を守り抜きなさい」と語りかけているように思われます。

3

慈悲（いのち）を生きる

一九六〇年代からの高度成長による生活の変化で、人と人との繋がりがいかに薄れ、崩れていったのか、そして又、薄れた人間の繋がりの回復は今後いかにして可能となるか、について本日はお話をしてみたいと思います。この課題について、私は宗教による人の価値観の変革を中心に、論じてみたいと思います。

●「高度成長」がもたらした人間破壊の現実

一九六〇年代から本格化する高度成長は、われわれの生活の基盤をすっかり変えてしまいました。人々は丘を切り開いて作ったいわゆる住宅地に住まいを移し、生活はどんどん「近代化・都市化」していきました。整備された道、こぎれいな家、誰でもが個室を与えられ、西欧的個人主義も確立されてゆくかに見えました。しかし、決して人々が「新しい生活」に、みな満足しているかといえば、そうでもなさそうであります。

年寄りたちの嘆きを聞いてみましょう。

「近頃はいったいなんだろう。回覧板をもっていっても、鍵のかかったドアの前で呼び鈴を押して待つだけだ。じっと待っておれば、玄関のところに置いとけと言う返事。まったく、隣近所というのに、どんな人が住んでおるのかと考えるほどだ」

「せっかく気の合う人と、暇なときに立ち話をしておれば、みっともないことはやめてくれと息子の嫁にしかられる。近所で人が亡くなっても、葬式では、ちょっと焼香をすませて、すぐ帰る。むかしはお通夜があれば、一晩中、朝までその家で過ごすのが当たり前であったのに。それが今では他人が死んでも……」

われわれは、戦後、西欧ふうの価値観こそ、最高のものと教えられ、それを学ぶことこそが絶対と考えてきました。それまでわれわれの社会がもっていた共同体の性質すなわち、外来者の侵入を拒み、プライバシーといわれる「個人の世界」を認めず、あくまで共同体の一員として生きるべしという社会は、「古いもの」「田舎臭いもの」として排除しようとしてきました。しかし、現代社会に生きるとき、都会の孤独と呼ばれるものが人の心を蝕んでいくことは、よく知られています。「都会化」はすっかり人と人との繋がりを断ち切ってしまったようです。それまで気づきもしなかった共同体の大切さは、崩壊してはじめて多くの重要性が認識されるようになってきています。

●共同体と人間

古い「共同体」生活を見てみましょう。そこでは、四季折々の行事が子どもたちを育ててくれます。正月、お七夜（親鸞聖人の命日までの七日間の法事）、夏祭り。子どもたちは、毎年の行事において、その歳なりの役割を伝統の中で自然に学び、特別誰に教わるでもなく、みごとにこなしてゆきます。共同体には年齢ごとの集団があり、性別による集団があり、おとなになっても集団ごとの会合をもつなどして人々は交わってゆきます。そしてそんな生活の中で、「他人の命は自分の命」となっていく生活が身についてゆきます。

共同体は「人間候補者」を現実の人間に育ててくれる「装置」「制度」なのです。集合体としてのおとなが、子どもたちを育てていくというだけでなく、集合体として、子ども同士が育て合うということが、伝統として継承されているのです。生活と結びついた伝統が文化をつくるのであり、その中で人間として成長してゆくのです。そのような子どもたち、おとなたちの中に、伝統が根づき、文化が息づいているといえるのでありましょう。

今の若者たちの不幸は、そんな共同体をすっかり奪われてしまったうえ、それに代わるものもいっさい与えられていない点にあります。「友達を大切にしなさい」、「他人を大切にしなさい」、「年寄りを尊敬しなさい」、「子どもを可愛がりなさい」などと、言葉だけ与えられても、実践の場が与えられないどころか、正反対の現実を見せつけられるのでは、どうしようもありません。

「フーテンの寅さん」の映画には、これまで挙げてきた「古きよき時代」の共同体が連綿と生きています。われわれがあの映画を観るとき、われわれの中に埋もれている懐かしい共同体の面影が彷彿とします。だから、今なおあの映画は多くの人々に愛され、親しまれているのでありましょう。これは日本人だけの現象ではないようです。実はアメリカ、アラブなど、世界中の国々で、あの映画は受け入れられているようです。「寅さん」を観た人々は、口を揃えて次のように言います。「ああ、これがかつて自分の国にあった、あの懐かしい人々の姿だ」。あのもっとも近代的な、ニューヨークに暮らす人々が涙を流し、またそれと「対局」にあるように言われる、アラブの国の人が感動する「寅さん」の世界は、共同体が生み出したものなのです。昔、われわれの暮らしの中にあった伝統とそれを大切にした共同体の姿、それこそが、実は国際的な生活の姿であり、全世界に共通して通ずる精神生活であったと考えられるのです。

●失われた共同体の再構築を求めて

人間的絆を獲得するためには、失われてしまった共同体を取り戻さねばなりません。物質的豊かさのなかで、人と人との関係が「物と物との関係」になってしまっているこの現実を、人間的に豊かな現実へと変革するためには、具体的に、どうしたらよいのでしょうか。

方法は幾つもあるに違いありません。が、ここでは、今まであまり論じられることがなかった「宗教による価値観の変革」という側面から論じてみたいと思います。

現実に、いわゆる「第三世界」とよばれる、アジア諸国・アフリカ諸国・南アメリカ諸国など、旧植民地で、今も先進国の経済的圧迫に苦しみ、貧しさにあえいでいる国々の人々にとって、宗教が持つ役割は実に大きいといえます。農村で生きてきた者たちは、ある時突然やってきた外来者によって田畑を奪われ、作物を作ることができなくなったり、漁民たちが、工場廃水の影響や「先進国」の底引網によって、漁もできなくなる、などのことは「第三世界」の日常的現実なのです。その結果、発生する都市のスラムがあります。なぜ、こんなことがおきるのか。なぜ、こんなことになってしまうのか。どうして自分たちは苦しめられなければならないのか。そんな疑問が出るのは当然です。この問いに、宗教は答えなければならないのです。なぜなら、「第三世界」においては、「共同体」が存続しており、その絆としての宗教が生きていて、人間の生き方を決定しているからなのです。

そのような「第三世界」の典型でもあるフィリピンの虐げられた民衆は、イエスを貧しい者の側に立って、圧政と闘う指導者であると考えています。つまり、キリスト教は、虐げられる者の側に立つ宗教となっているのです。聖書は貧しい人々が解放される導きの書物であり、「イエスは、貧しい人々のために闘ったが故に殺された。しかし、イエスは復活し、民衆の側に立って、共に闘い、民衆を導いてくださる」という考え方、が生まれています。これは「解放の神学」と呼ばれるものです。一方、中東地域に目を転じますと、そこには民衆の中に、「イスラーム復興主義」が起こっているのが分かります。これは、イスラームの原点に戻り、イスラームを取り戻そうという運動であります。

このように、今や先進国の「たかり場」となり、被収奪国となっている国々において、民衆が立ち上がる運動が繰り広げられていますが、その国々での宗教の役割について、二つの例をあげてみたいと思います。まず、イスラームの問題から述べていくことにします。

●イスラームと人間解放

われわれは、これまで中東地域について、まったくといってよいほど知らなかったといえます。持っているイメージは、「官能とテロの世界」、「コーランか剣か」（他宗教を認めず、異教徒に「聖闘」を行うイスラーム教徒）のようなものでありました。どことなく「恐ろしい」、アラブ・イラン社会では主流の宗教である、そんなイスラーム教が、中東はもとよりアフリカ、インドネシアにまで及ぶ広い範囲にわたり、信仰されているとは、どうにも信じられずにいたのです。イスラーム社会について、われわれがどうしてそのような印象を持ったかと考えれば、これはすべて、西欧諸外国によってもたらされた情報により、その地域をみていたからだといえましょう。西欧にとって、かつて中東地域は先進国でありました。この地域が生んだ知識、技術、哲学、物産は数多くあります。身近な例でいえば、あの代数学、少し前まで富の象徴であったところの砂糖、また消毒薬としても重要なアルコールなど、ヨーロッパの近代はすべてイスラーム世界を学ぶところから始まっているのだといっても言い過ぎではありません。その点を見ずに、ヨーロッパのみが優れているという立場に立つ「オリエンタリズム」が生んだ曲解のみを受け入れてしまったところに、われわれがこの地域を正しくとらえられない理由があるのでしょう。まず、本当の姿を見つめてみなければならないのであります。

日本では、最近になって、『千一夜物語』、すなわち「アラビアンナイト」で知られる物語の原語版の翻訳が完了したそうです。これまでの翻訳はバートンの英語訳、正確に申しますと彼の偏見に基づいた「英語翻案」を、さらに日本語に訳すという経路で誕生した訳本だったので、比べてみるとやはりずいぶん誤解があるようです。この正式な翻訳が出来上がったところで、あらためてわれわれももう一度中東世界を見直す必要があると思われます。私は、中東の研究者ではありませんので、この道の専門家である板垣雄三先生、黒田寿郎先生の著書にしたがって、私なりのイスラーム理解を述べさせていただこうと思います。

さて、イスラーム教とはいかなるものでありましょうか。そしてまたなぜ、一九七九年にイランで「イスラーム革命」が起きたのだろうか。この点について、見てみたいと思います。

まず、イスラーム教についてでありますが、この宗教は、六世紀中頃、ビザンチン帝国とササン朝ペルシャの二大帝国が争っている時代に誕生しました。日本で言うと、聖徳太子の時代であります。両帝国の間に戦争が起こったため、これまで流通の経路として使われていた道が通行困難となりました。そこで、別の通路としてアラビア半島経由、メッカを通る新しい交通路ができていったのです。当然のこととして、ここで東西の交易が行われ、巨大な富が蓄積されることになります。巷に物があふれてくると、人と人との関係が薄れ、物質主義に陥ってしまうのは、いつの世でも同じです。豊かさの中の絶望という、ちょうど現代と同じような状態にメッカはなっていったと考えられます。そのような現実を切り開くために現れたのがムハンマド（マホメット）でありました。そのようなことが、『イスラームの心』（黒田寿郎著、中公新書）に明解に書かれています。

では、イスラーム教の教えの特徴は、いかなるものでしょうか？　板垣雄三先生の著書『日本人よ、覚悟はできているか！』（KKベストセラーズ）によれば、まず第一に、都市性の宗教であるということです。よくいわれる遊牧民の宗教というのは誤りであるといえます。メッカ周辺が、当時交易により大都市に発展していたというだけでなく、あの辺りは文明の発祥時点から都市としての機能をもつ、伝統的な都市であるということであります。そのなかで発達してきた宗教ですから、イスラーム教は都会的な特性をもっているといえるのです。例えば、個人を基本とした考え方にその特徴をみることができます。「タウヒード」と呼ばれる言葉がありますが、この言葉は、この都市性と結合したものといえます。この言葉は「個々の多様性を認めながらひとつにする、ひとつと数える」（一三八ページ）という意味をもちます。「神は『アッラー』しかいない。しかし神は、この世に預言者を送り給うた。モーゼ・イエス・仏陀・そしてムハンマドである。これらの預言者の後には、もう預言者はこの世に現れない」、「それぞれの時代に、神が送り給うた預言者たちは、誰が優れ、誰が劣るなどということはない。みな優れた預言者である」と考えていることは非常に興味を引きます。自分のところが一番だなどと、他と比べてとやかく言いはしないところがそうです。ユダヤ教も、キリスト教も、仏教も、イスラーム教も、みなどれもすぐれており、もともと同じ神の下、同じ心で生まれているのです。よく誤解されますが、アッラーの神とは、イスラーム教においてアッラーという名の特別な神がいるわけではありません。アッラーとは、ただ神を示す言葉にほかならないのです。

さて、登場した時代が一番新しい預言者がムハンマドであります。つまり最終預言者であります。ムハンマドはアラビア語の聖書をもたらしました。ムハンマドは一番新しい知識をもった預言者で、現在の自分たちのおかれた状況を一番よく知っており、自分たちに則した預言を残している、だからムハンマドを自分たちの預言者だと捉えているのであります。

次に挙げられる特徴は、徹底した平等主義です。神のもとでは、どの人間もみな平等であり、貴賤の別はありません。コーランには次のように書かれています。「もはやなんぴとたりとも、地位や血筋を誇ることは許されない。諸君はアダムの子孫として平等であり、もし諸君の間に優劣の差があるとすれば、それは神を慕う心、敬神の念においてのみである」（『イスラームの心』中公新書）

三番目の特徴は、この徹底した平等思想を、信仰の念にとどまらず現世に生きるわれわれの社会にまで結び付けようとするところにあります。あらゆる宗教は平等を説きますが、現実には決して実現されていません。しかし、イスラーム教はそれを実現させるべく、「政教一致」というかたちで徹底して説いています。政俗一致、あるいは政教一致と呼ばれる考え方は、現実のわれわれの生活・行動・生き方、つまり人間が社会の中で生きていく時の、生活の規範までを宗教の中に含んでおり、心の安らぎが宗教などというなまやさしいものでなく、生活そのものまで宗教によって規定されることになっています。さらに、生活上で行った事柄はすべて天使によって見張られており、ノートに記録されて、現世で行った悪業、嘘などは死後法廷によって裁かれることになっています。これはキリスト教などで一般的に現世でままならぬ心の安らぎの場となっている宗教の立場とは、異なったまったく正反対の考え方であります。

四番目としては、現状肯定と科学を守ることであります。イスラーム教においては、徹底した科学主義が挙げられます。その科学主義は次のようなものです。

この世には、人間が知ることのできるものと知ることのできぬものがあり、知ることのできぬ神の領域には立ち入れないが、人間がこの世で見たり、聞いたりできるものは徹底してこれを地の果てまでも追い求むべし、という立場であって、そのなかで科学が生まれます。これがイスラーム教の教えであります。科学を知ることは神を知ることであります。

これも、一般的にわれわれが知っている宗教とは、反対の立場であります。ヨーロッパでは宗教と断絶したところに科学が発展し、現在に至っていますが、中東社会では神と一体になることで科学が発展し、そしてイスラームの文化は目ざましい発達をとげていったのであります。

ヨーロッパは、後進国としてイスラームの文化に学び、哲学に触れ、技術を学びました。われわれが西欧により知った様々な文化文明、デカルト、ベーコンなど絶対唯一と教えられ、ありがたがらされてきた哲学なども、もとは西欧がアラブに学んでできあがったものといっていいといえます。

しかし、現在のイスラーム社会は、かつて後進国であった西欧社会に追い抜かれ、いわば草刈り場ともいうべき植民地化の憂き目をみ、いまだ疲弊に苦しんでいます。こんなことがなぜ起こったのでしょうか。なぜ、イスラーム社会は成功しなかったのでしょうか。

教えを現実の社会で実行するには、政治と経済の充実が不可欠であります。

共同体をとりまとめていたムハンマドの死後、イスラーム社会ではそれを引き継いでいく政治のプロが必要になり、カリフとかウラマーと呼ばれる官僚が誕生します。彼らは知識人であり、文化人であり、人々の信頼も厚く敬われ慕われました。イスラーム教では特定の僧侶を必要とせず、在家主義を徹底させています。彼ら官僚はそのまま僧侶であり、政治家でもあるのです。『イスラームの心』によりますと、これが世に言うカリフ・ウラマー体制で、この体制は数十年の間、理想的な社会を築き上げたのです。しかし、その理想が永久に続くわけもなく、四代目にしてそれは腐敗します。それまで協議によって指導者は選ばれていましたが、「第四代カリフ、アリーがハワーリジュ派の刺客の手に斃れ、ムアーウイがウマイア朝（六六一～七五〇年）を創設」して、「実子ヤジードを後任に任命したとき世襲性が姿を現わし、イスラーム帝国の政治体制は、……協議の制度、宗教に依存する体制から、世襲制により、政治優先、宗教は二の次というそれに代わったのである」（『イスラームの心』一四一・一四三頁）と述べられています。政治と経済、そして宗教がひとつになった社会は、成功すれば実に理想的な世界が築き上がるが、基本が代わると自動的に崩壊せざるをえないのです。かくして、少しずつ堕落した社会になっていったのです。そして十三世紀頃にはすでに当初の形がすっかり変わってしまったばかりでなく、十五・六世紀頃には私利私欲のみが横行する社会と化してしまいました。そして、そんな社会の腐敗をつかれ、ついに十九世紀後半にはイスラーム世界はヨーロッパの植民地となってしまうのであります。

イスラーム社会の人々はこの現実に悲しみ、なんとか事態を打開したいと考えました。そこで人々は西欧を学び始めるのであります。

例えばイランの場合、『イスラームの心』によりますと、西欧をモデルとしてイランを再生しようとする運動が始まります。しかし、人権を無視して一部特権階級だけに金が流れ、アメリカにばかり利益が吸収される結果に終わってしまいます。イスラームの知識人たちは、またイスラームを学ぶことにより、自分たちの原点に返ることでその答えを得ようとします。

初期イスラームの世界に返ろう、弾圧に屈せず、イスラームを復興させよう。現実が神の教えに反しているならば、立ち上がることが神の意に叶う。そうするしかもはや方法がないという結論に彼らは達しました。

十五万人のウラマーと呼ばれる知識人が立ち上がったのです。宗教上も、政治上も信頼厚い知識人たちが立ち上がれば、民衆もそれに応えます。武器も持たぬ三千万の民衆はついに一九七九年、三十万の軍隊を倒しました。この闘いの基礎には、人々の価値観の変換があったことを見なければなりません。

これに驚いたのは、アメリカとソ連であります。たくさんのイスラーム教徒を連邦に抱えていたソ連、そして湾岸の石油地帯を抑えねばとあせるアメリカ。当時冷戦状態にあったこの二大国は、かたやイスラーム教徒の暴動を恐れ、アフガニスタンで食い止めるべく侵攻し、かたやサッダム・フセインを推してイランに戦争をしかけ、イラン・イラク戦争を起こさせました。しかし、結局イスラーム革命は社会主義連邦ソビエトを崩壊させ、冷戦を「終結」に導いたとも言えます。

●キリスト教と人間解放

では、キリスト教のほうはどうでしょうか？　南アフリカの例で見てみましょう。南アフリカというのは、悪名高いアパルトヘイトで知られたあの国であります。そこでは人口の七七パーセントがキリスト教で、そのうち八八パーセントが黒人です。南アフリカにおいて大多数を占める黒人の宗教は、ほとんどキリスト教だといっていいほどです。

さて、南アフリカのキリスト教には二つの考え方があります。その一つは選民思想に代表される抑圧者たる白人の考え方です。「白人は神によってこの国の指導者たるべく選ばれてやってきたのだ」、と彼らは考えているのです。したがって、白人にとっての特権である「アパルトヘイト」は神が認めたものなのであります。もう一つは被抑圧者たる黒人側の考え方です。それによればキリストは、ユダヤとローマの二大支配下にあえいでいた貧者の側に立って闘った指導者であります。彼らは、抑圧と闘う人の中にイエスが生きている、と考えます。これが南アフリカの主流を占める考え方であります。

さて、このようなキリスト教の捉えなおしを行った人物にスティーブ・ビコがいます。彼は一九六六年、ナタール大学医学部に入った超エリートです。黒人は、この国において勉学の場を与えられていませんでした。それは、知的発達を抑えるためだったのです。ビコはそんな環境の中で、黒人であるがゆえの、さまざまな困難をくぐりぬけてナタール大学に入ったのです。本来なら白人に認められたことに感謝し、「黒い白人」として、白人側に立つはずの人間となったかもしれなかったのです。しかし、彼は抑圧される側から己を含む黒人を見つめ、黒人がすぐれた文化をもった民族だったことを主張し、「われわれ黒人は決して白人たちが言うように、愚かではない。誇りをもって生きよう、アフリカの文化を取り戻そう」、と説いたのです。

またキリスト教についても本来の姿、つまり選民思想により被抑圧者の立場に追いやられている黒人民衆たちに、民衆のために、虐げられた人々のために闘った人物として、イエスを捉えなおしました。そして、「抑圧を許すのは罪だ。闘って、抑圧をはねのけよう。民衆の側から聖書を読み直そう」と、訴えました。「聖書は、白人のために書かれたものではなく、みんなのためのものなのだ」とデズモンド・ツツ師も言っておられますが、これは大きな価値観の変革であったと言えます。

このように、奇しくもイスラームの場合と時を同じくして、南アフリカのキリスト教においても、原点に戻ろうという運動が始まったのです。

残念なことに一九七七年、スティーブ・ビコは拷問によって虐殺されましたが、ビコたちによって始められたこの「黒人意識運動」は六〇年代後半から七〇年代にかけて、南アフリカの若者の心を捉えます。この運動に参加した人たちは、黒人の自覚に燃え、反アパルトヘイト運動に立ち上がります。その多くは高校生たちでしたが、この高校生たちは、自分たちが南アフリカではじめて立ち上がった黒人だと自覚し、大いに発奮します。ところが、よく調べていくと意外なことが分かってきます。南アフリカでは、五〇年代に、ネルソン・マンデラをはじめとする運動家たちがおり、反アパルトヘイト闘争をしていたという事実でありま す。この運動家たちは獄中につながれたり、殺されたりしたのですが、そんな事実は七〇年代の黒人の若者たちには、まったく知らされていなかったのです。マンデラらの意見とは、白人も黒人も、ともに手を携えてこの国を解放しよう、というものでありました。

ビコの虐殺後、「黒人意識運動」は弾圧され、反アパルトヘイト闘争は押え込まれてしまいますが、一九八〇年ごろからまた反アパルトヘイト闘争は盛んになります。この運動は、黒人中心主義を発展させた「ノン

・レイシャリズム」を基礎にしたものです。この運動は、南アフリカを構成する全人種の統一戦線でありま す。この運動によって、南アフリカの今日の情勢がきり開かれていくのですが、ここで大きな役割を果たし たのがキリスト教であります。

キリスト教の考え方から言えば、南アフリカのアパルトヘイトは国が抱えた原罪であります。なぜなら白人は、生まれながらにしてアパルトヘイトの下で特権を与えられ、豊かな暮らしを約束されるという魅惑に溺れているからです。一方黒人にとっては、あらゆる抑圧に屈し、諦めの誘惑に負けてしまうという罪を背負っています。

では、どうしたらいいのでしょうか。

それは怒りをもつことです。アパルトヘイトを許してはならないのです。アパルトヘイトに対する怒りは、神の怒りであります。「わたしの怒りは神の怒り」であり、わたしの疑問は神の疑問なのです。疑いを持とう、批判を持とう。この原罪を取り除くために闘わなければならないのです。闘うことで神と一体化するのです。そのためには闘うための黒人と白人の連帯が必要となります。

南アフリカの今日の運動を語るに、一番のベースはやはりキリスト教であります。一九八〇年以降は、キリスト教と労働組合運動が大変盛んになってきますが、この運動とキリスト教は切り離すことができません。現実にネルソン・マンデラはひじょうに敬虔なクリスチャンであります。そして、ANC(アフリカ民族会議)をつくったアルバート・ルツーリもキリスト教の牧師でした。抑圧された民衆の立場から、聖書を読み直すことによって南アフリカの現実を見れば、まさにキリストが生き、苦しみ、闘った現実と同じであることが分かります。ローマとユダヤの二重支配にあえぐ民衆と同じ苦しみが南アフリカにあることが分かるのです。ここから、イエスとともに歩もうという決意が生まれるのは不思議なことではありません。

こうしてここでも、宗教と政治が結合していることがわかります。神の教えは心の中だけにあるものではありません。人々が生きている現実の社会においても、神の教えは生きているのです。ですから神の意に沿うということは、心の問題だけでなく政治社会まで視野を広げねばならないわけです。「宗教と政治は、継ぎ目のない衣だ」とデズモンド・ツツ師は申しておられますように、政治と宗教を切り離すのは間違いであります。イスラームの場合と同じく、ここでも政治と宗教は不思議と結びついています。ここで重要なのは、価値観の変革であります。八〇年代以降の反アパルトヘイト闘争と結合した、ノン・レイシャリズムの立場に立つ神学は状況神学と呼ばれています。

さて、状況神学の特徴は、次の三点に要約できます。

まず第一に、イエスの精神において、現在の問題を考えようということであります。イエスがその時代の問題と取り組んだその精神において、現実を見るという立場であります。

次に、福音の内容を取り出して、アパルトヘイトという新しい内容をとらえるということ、つまり、キリスト教の現代化ということであります。

さらに、第三に、アパルトヘイトを原罪と考え、ここから抜け出す道は連帯に基づく闘いである、ということであります。

このように南アフリカでも、アパルトヘイトに加担する人々の価値観を変え、そこで苦しんでいる現実に対して、闘いの意欲を与え、連帯し、新しく白人と黒人の共同体をつくっていこうという大きな問題提起をしていったのは宗教であったのです。

このイスラームとキリスト教の二つの例を見た上で、世界を通じてどんなことがいえるか、考えてみたいと思います。

宗教というものは、生活・文化というレベルで社会との繋がりをもち、従来の価値観を変えさせる力をもっているといえます。

宗教というものは、われわれの心の底に眠っている、あるいは既に形骸化してしまっているかもしれない生活文化を掘り起こし、現代化させるきっかけとなるものです。

信仰は、絶対者である神とわれわれの縦の関係だけでなく、民衆の連帯という横軸をもつ、まさに「十字架」の関係をもつものであります。仏教ではこれは悟り、つまり絶対者と自分という縦の軸と、救済と慈悲、つまり民衆の連帯という横の軸の、二つの関係ということになります。これを踏まえて新しい共同体の在り方が模索できるのであります。

状況神学は、南アフリカにおいて豊かさに溺れる白人側の人々に、自らの意識を変えて、独りよがりの「豊かさ」、「自己中心主義」を棄てさせる力を持っているのです。黒人の十六倍の給料をとり、黒人の従属の上に成り立つ豊かさを放棄させるほどの力をもっているのであります。イスラームの場合は、都市・近代・個人に対する訴えかけを持っていることが分かります。

だとしますと、仏教にもそんな力があるのではないでしょうか？　いや、あるのだと私は考えます。

われわれは今、抜け道のない状況にあります。「第三世界」と先進国の生活の格差が拡がり、貧困は貧困を生んでいます。先進国はますます肥え太り、「第三世界」はますます貧困化しています。それはまたどんどん自然を破壊することにも繋がっています。自然の破壊は、地球規模の環境の破壊となり、もう人類は滅びるよりほか道がないと思われるほどです。このどん底の状態から抜け出す方法は、何か糸口になるようなものはないのでしょうか？

科学はどうでしょうか？　それも解決の糸口となるかもしれません。しかし、もっとほかにないのでしょうか？

この状況を仏教とのかかわりで、見てみましょう。

釈迦は、城の中で、王子としてなに不自由ない暮らしをしていました。しかし、老・病・死の三つをみて衆生の苦しみを思い、城を出て出家します。これは決して現実逃避ではありません。釈迦、富と権力を棄てて、民衆の中に入りました。これは、民衆の苦しみを思い、民衆の苦しみに身を投じたこと、民衆の苦しみを己が苦しみとして捉えたということであります。悟りとは、他人の苦しみを自分の苦しみとして分かちあうことから、始まるのではないでしょうか。つまり、日本は今、皆「豊かで平和」でありますが、「第三世界」の人々の苦しみを、同じ苦しみとして分かちあうことで、釈迦の立場に立てるかもしれません。先ほどの横軸・縦軸の問題も解決の道筋となるでしょう。

明治以来の体制としての仏教に欠けていた社会的視野を軸に置いたときに、そういう機軸でもう一度釈迦をはじめ、各宗派の開祖が言っていることを読み返していけば、現在のわれわれが抱えている問題の糸口が見つかるかもしれません。

「いのちを生きる」というテーマでお話をしていますが、いのちとは慈悲のことであります。『仏説阿弥陀経』という経典、「阿弥陀如来はかぎりない『いのち』をもった存在者だ」と述べられている箇所があります。『いのち』とは限りない慈悲をさします。それは人間みんなを救っていくということであります。救いとは、われわれみんなが、富も権力もない民衆がそういう認識に基づいて連帯をしていく、みんながともに力を併せて現実の変革に向かってとり組む、ということではないかと私は思うのです。その中で、新しいわれわれの生き方が生まれ、それを生きることによって本当にいのちを生きる、つまり人間らしい生き方をしていくことができるように思います。その中で失われた共同体を新しいものにつくりかえ、人間と人間の絆を創りあげていくことができるのではないでしょうか。

質疑応答

●**質問1**　キリスト教は、一神教ということもあり、われわれにはなにかとっつきにくいように感じる一方で、日曜学校を開くなど、社会に開放的な部分も感じます。その点、日本の仏教ももう少しわれわれの近くに歩み寄ってもらえないだろうか。

●**応答1**　たしかに仏教にはそんな側面があるかもしれません。しかし浄土真宗でも、日曜学校を開いております。また法要時には、説教をし、一緒にお経を読み、会食するなど、生活に密着した部分をもっているのが特徴であります。それが現在では前述の生活破壊のため、ままならなくなり、法要の時にはお経を読むばかりになってしまったところがあります。そこで最近は、ご意見のような現実を反省して、遅まきながら運動を始めつつあります。個人的な話になりますが、私は真宗の僧侶として十年以上も前から法要の際には必ず、生活と宗教の結合を図るため、説教をし続けています。私の説教を聞かれた方は、延べ人数で一万人に近い数です。説教をするということは私が一方的に話すことではありません。必ず質問がありますので、対話が成り立ちます。ささやかですが、私はそんな「歩み寄り」の努力をしています。今日では、宗教者間の話し合いも必要だと思います。キリスト教（カトリック）も、他宗教との対話を深めてきています。宗派のレベルだけでなく、宗教の違いを越えて人間解放の共通点を深めるように努めなければ、新しい共同体の実現は不可能であり、問題提起もできなくなるのではないでしょうか。

●質問2　宗教と科学とは相反するものだと思います。今、確かに連帯感が薄れ、暮らしにくい世の中になってきたと思いますが、だからといって、現実とはかけ離れたところにある仏教の教義が、新しい社会づくりに力をもつものでしょうか。また、ソ連邦が七十年くらいで崩壊したのは現実としても、ロシアが滅亡したわけではなく、いつまた力が蘇ってくるとも知れません。したがって、宗教が不思議な力をもつことは認めるが、現実を改革するほどの力に仏教がなるかどうか、疑問が多いと思います。

●応答2　宗教は哲学と同じものではありません。宗教には生活が結びついているのです。南アフリカの例をみても、宗教はA Way of Life（生活の仕方）であります。

宗教を信ぜよということでなく、生活と結合した宗教のもっている全体的な力が、われわれの価値観を変えうるものだと私は申し上げたのであります。中東世界の場合でも、南アフリカでも、抑圧と闘う力の基礎は宗教でした。だとしたら日本でも可能性はあるのではないでしょうか。たとえば親鸞の著作を読めば、いかにそれが現実の問題点をえぐっていたか、いかに彼が虐げられた民衆の側に立ち続けたかが分かります。だからこそ、後に「一向一揆」が起きたのです。私は、仏教全体が、本質的に現実ばなれしているとは思いません。宗教を、単に狭い意味の信仰とか哲学とかいうものに限定するのではなく、生活レベル、とりわけ弱者としての民衆の生活と繋いだらどうかと私は思うのです。

もちろん「宗教」といっても、それだけですぐ何かがすぐできるなどと言うことはできません。たとえば、イランの知識層が何らかの専門をもち、そのうえで宗教の教えを展開していくように、学問と宗教とを自己の中で統一できる一つの生活体系が必要なのではないでしょうか。私個人は、アフリカ文学の研究者です。しかし、研究者としての「私」と宗教者としての「私」の間には何の矛盾も感じておりません。それは、宗教が私にとって「生活の仕方そのもの」であるからだと思います。

私には、科学は生活の総体を捉えるものとは思えません。やはり、生活のありようそのものは、宗教がもっているのではないでしょうか。

かといって宗教を信じろという話をしたわけでもありません。宗教のもつ人間解放の力としての価値観の変革をどう受けとめるのか、という提案をしたのであります。このことを考えることは、科学を捨てることではないと思います。

第3部

資料――北島義信法話

1

阿弥陀さまと私たちの救い

（機法一体の阿弥陀仏）

南無と帰命する機と、阿弥陀の救けまします法との一体なるを指して、機法一体の南無阿弥陀仏とは申すなり。南無阿弥陀仏、南無阿弥陀仏。

これは蓮如上人《れんにょしょうにん》が、御文（御文章）の中で書いておられる「機法一体《きほういったい》の阿弥陀仏」でございます。今日はこれから、この「機法一体」のお話をさせていただこうと思います。

まずこの「機」ということでございますが、「機」とはいったい何でありましょうか。これは我々衆生、我々人間を指す言葉であります。阿弥陀さまによって救われる対象であるところの私達、これを「機」と申します。「法」というのは、衆生を救う仏の力、仏法の「法」のちからであります。この「法」と「機」が一体になったときに、私たちは救われるという意味であります。

救われるということがなかなか難しゅうございますので、現在の平易な言葉で申しますと、「真実の人間になること」と考えていただいたらよいのではないかと思います。我々は、教育学者の大田堯《おおたたかし》先生の言葉をお借りすれば、人間の候補者として生まれます。その候補者として生まれた人間が本当の人間になっていくこと、それが「救われること」の意味に近いように思います。

ところが現実世界では、人間は仏ではございません。煩悩もありますし、有限な肉体もあるからであります。しかし、「救われようのないあなたを救ってあげる、お念仏を申しなさい」と呼びかけられる阿弥陀さまの呼び声を疑いのない心で受け止め、念仏申し上げる時、現世において、不退の位に住することができるのであります。

「現生不退《げんしょうふたい》」とは、この現世において、いわゆる仏さんの候補者にしていただき、命終わった時には浄土へかえり、仏となることができるのであります。そういう捉え方が「機法一体」のベースになければならないのであります。

昔から、この現世において悟りをえる道筋が色々説かれておりますが、いずれも、なかなか難しいものでございます。例えば、「難行苦行の修業せよ」といわれたら、これは話の筋道としてはわかりやすいのですけれども、いざやろうとすると、また難しいものです。たくさんお金を寄進するという道もあるかもしれませんが、いったいどれほど出したらいいかわかりません。また、お金のない人には不可能ということになります。また、お経の内容を理解するように勉強せよと言われても、漢文、サンスクリット語、パーリ語、などの古典語を読みこなすことは、至難の技であります。そのようなことを考えてみますと、一般庶民には、これらの道はむずかしいものであります。

さて、これからお話いたしますのは、難行苦行とは違った方法によって救いをえる道についてであります。この道は、他力念仏によるものであります。これにつきましては、何故、私たちが阿弥陀さんを頼りとすることができるのか、なぜそういう心が生まれるのか、そしてどのようにして阿弥陀さんが私たちを救ってくれるのか、この論理的な道筋からお話させて頂こうと思います。なかなか難しいところではございますけれども。

●二種の深信

さて、この問題にかかわりましては、有名な善導大師《ぜんどうだいし》の申された「二種《にしゅ》の深信《じんしん》」があります。これは、「機」の深心と「法」の深心の結合を意味します。「機」というのはさきほど申しましたように私達人間のことであり、「深心《じんしん》」とは「深く信じる心」であります。「何と私は情けない存在か、罪深い、救われようのない悪人であるか」という自覚が「機の深心」の意味であります。

その「救われようのない私が、念仏によって救われるという喜び」、これを「法の深心」と申します。

さて、その「機」の深心と申しますのは何かというと、自分は救われようがない、現在も未来も過去も、永遠にコロコロと生死の中で苦悩して、暗やみの中でのたうち回っている、絶対に救われない存在であるということを、理解することであります。

これは私にはできません。もしできるとすれば、こんなつまらぬ私ではなかったはずであり、それは私ばかりか他の人々にもあてはまるものであります。そうであるなら、この世界において戦争など絶対に起こり得ないはずです。

このことからわかることは、自分の救われない罪深さは、阿弥陀さまの智慧の光を受けてこそ、理解できるということです。ようするに自分がそういう状態にある。最悪最低、その最悪最低のお前を救うぞというのが阿弥陀さんであります。「お念仏を申せ、お前を救ってやるぞよ」という、阿弥陀さまの我々に対する呼び声を、私達が受け止める。救われない私が救われる。こういう構造が二種の深信の構造にございます。

さて、この中で貫いているのは何かといいますと、難しい言葉ですが「サンゲ」という言葉がございます。難しい言葉なんですわ。画数が多いですね。現代の言葉では、「懺悔《ざんげ》」といいますな。仏教では「サンゲ」と申します。

この「サン(懺)」というのは何かというと、インドの言葉に、「クシャマー」という言葉がございまして、その音を漢字にあてたと言われています。

このクシャマーというのはどういうことかというと、「堪え忍ぶ」とか「許す」とかそんなような意味の言葉なんです。クシャマーというのは、今言いましたように一つの意味では「許し」というふうに考えたらいいでしょうか。

●許すということ

ところがこの「許し」とはなかなか難しいものです、人を許すというのは。

実は、昨日でございますけれども、昨日は日曜でございましたので、法要がありました。さあ法要に行こうかなと思いまして、表へ出ようとしましたら、三人の方が来られまして、「ご院さん、これから本堂でお勤めですよ」とおっしゃるんですわ。

「えー？　本堂でお勤めって聞いておったかな？」

「ご院さん、去年言うたやないですか」と言われますねん。

その時、「これから三五日の法要に行かんならんのに」と思いましたんや。えらい怖い顔しておられましてな、そらそうですわな、一年前から約束しとった訳ですから。

はー、こらえらいこっちゃなー。なかなかこういう時は、許してくれませんな。全然許してくれません。まーしょうがないんで、その三五日の法要へ行かしていただくご門徒様に早速電話しましてな、「ちょっと、のっぴきならぬ急な用事ができた。それで悪いけれども三十分間遅れますので」と申しました。

「あーよろしいわ」と言うてもらえました。

それで私は本堂で、その年忌を勤め始めました。年忌ですから、そんなもん三十分で勤まりませんけれども、まーそのうちに嫁さんが、うちは嫁さんも法要に行ってますので、戻ってきたら、なんとかいくやろと思っておりました。それで急いで、観経を勤めて、阿弥陀経さん勤めておりました。

もう休みなしです。ものすごいスピードです。高田さんはお経のスピードが速いのですが、もうものすごいスピードで、お東さんの二倍位のスピードで読みました。それでともかく、時計見たら三十分位でした。あー、この後どうしようかなと思っておりましたら、なんかカラカラと音がしまして、嫁さんが戻ってきました。それで私は「ちょっと待っとっておくんなはれ」と言いまして、お経を終わりまして嫁さんのところへいきました。たいがい怖い顔してにらんだんでしょうな。ご門徒さんの法要につきましては、嫁さんが全部帳面に書いてます。ですから、てっきり嫁さんが書き落としたと思い、「お前どうしとったんや」と言うたんですよ。「わしはこれから三五日の法要に行くのに、えらい恥かいたやないか」と言うたんです。

「あー悪かった。御免してな」と嫁さんは言うたんですが、この「クシャマー（許す）」などの気持ちは起こらんもんです。全然許さんような気になりますな。なかなか人間が人間を許せません。

許すということですが、なかなか許せんものです。したがって、自分の場合も許してもらえないものです。ですから、こちらが不利な時は弁解したらあきません。頭下げるだけです。そうすると怒りの言葉、攻撃の言葉が頭の上を飛んできます。その攻撃の言葉がな。下げてると、だいたい助かるんです。抵抗しませんので、相手があきらめてしまう。そうゆうもんです。

許すというのは簡単なことだと頭の中では考えてたんですが、実際にことが起こりますと、そうもいきません。ご門徒の方に許してもらえませんのに、今度は家内に「お前、なんじゃ」と言うてしまいました。そんなことしていても、しょうがないんで家内に後のお勤めを続けてもらっておいて、私は三五日のお勤めに急いで行きました。

こんどはそのお勤めに行きました御親戚の方に、「ご院さん遅いやないか」と言われて、「まーいろいろあってな」と申し上げたんですけどな、なかなか許すというのは難しい。

実は後になって、法要の日にちのことで、気になりましたので、もう一度、調べ直したのです。すると、私が間違えていたのです。あとで、嫁さんに謝っておきましたが、許してもらうまで日にちがかかりました。その時分かったんです。許すというのは、人が人に対して行う行為ではない。仏さんだから、許してくれますねん。人間は間違いも犯します。いつも間違うとるのは、ただの、失礼な話なんですが、間違うこともあります。許すのは、これ仏さまだけなのです。

ちょっと横道に逸れますが、インドの言葉で、こんな言葉がございます。それは、「クシャマー・サーガラ」です。サーガラは海を意味します。「許しの海」という意味になります。「許しの海」とは何かと言いますと、人間のあやまちを受け止めていただけるヒンドゥー教の神様、そういう神の御心を言うのです。『正信偈』の中に、「如衆水入海一味《にょしゅしにゅうかいいちみ》。（摂取心光常照護《せっしゅしんこうじょうしょうご》）」という箇所がありますね。要するに、皆が海へ流れて行くと、海というその広い心の中へ流れて行きますと、みんな許されて一つの塩味になるということです。これが「クシャマー・サーガラ」なんですわ。そういうことを許してくれるのは、阿弥陀さんであります。

しかし、その前に「悔《ゲ》」が要ります。「ゲ」というものは「自分がいかに間違っておったのか」という、その深く悔い改める気持ちなんです。悔い改める気持ちがあるから、仏さんは許してくれるわけです。その前に、このいわゆる「ゲ」がないと、だめなのです。

懺悔というのは、インドの言葉で、「サン」はインドのクシャマーを漢字に当てて「許す」「堪え忍ぶ」こういう意味らしいんです。また「ゲ」というのは、自分が間違っていたということを認めること。これは中国の言葉なのであります。インドと中国を合体させまして「サンゲ」という言葉を中国人は作った。善導さんの頃です。

●悔い改めるということ

それは今日本語では「懺悔《ざんげ》」と言います。悪いことして御免ねって……ま、そういう軽い意味もありますが、そういうこと。この言葉というのがベースに貫かれておるわけです。

ですから我々は自分が罪深いどうしようもない者なんだという深く自己を悔い改める気持ちがないとあかんわけです。これが「機」の一番のポイントになる。阿弥陀さんは我々に光を、真実の光を、真実を見る目をあたえておられるのですが、ちょっとも届かないんですな。届いているのだけれども気がつかんのですわ。そういう状況であります。

我々が気がつくためには「サンゲ」がいるんです。なんと自分は情けない存在か、どうしようもないんだ。こういう目覚めが私どもに、必要なんです。

この悔い改めるということについて、善導大師は『法事讃《ほうじさん》』で「悔い改めるというのには三つの段階がある」と言うておられます。

一番厳しい自己反省というのは、目から血を流す。皮膚から血を流す。こういう自己反省である。次は、目からは涙やけれども、体からは血を吹き流す反省であります。三つ目は、目から涙を流し、体で汗をかくと。一番厳しいのは、目と体から血を吹き出させ、そして自分を、自分の間違いを認めていくということ。非常に厳しい。これが「上」で、それから「中」のは、真ん中のものですな。目からは涙やけれど体からは血を吹くというのが「中」。一番とろくさいのは、目から涙を流し体じゅう汗をかくということです。

そやけれども、その一番下の、低いというとるものだけれども、それでもなおかつ、そこに誠の心が貫かれとったら、目から血を流し、体から皮膚から血を流すのも同じだと善導大師は言っておられます。真の心があれば同じだと。目から涙を流し体じゅう汗をかいても、それは尊さにおいてはかわらんと。こういうようなことをこの「サンゲ」の説明で善導さんは言っておられます。そういうものが、私たちのこの一番の肝心なことではないかと思います。

我々は自分が最悪最低なんだと、こういう気持ちになった時に、我々は真実の声が聞こえるわけです。何故かというと、どうしようもない自分、もう自らなんにもできない無力な自分。「もうどうにでもしてくれ」というような自分。そのような状況に置かれた時に、「だから私はお前を救うのだぞ」と呼びかけられる阿弥陀さんの智慧の光り、その光りにつつまれると真実が分かってくるのです。「救われようのないお前を救ってあげよう、お念仏を申しなさい」と阿弥陀さんは呼びかけられているのです。

念仏とは「南無阿弥陀仏」でありますが、「南無」というのは任せるという意味です。ですから、南無阿弥陀仏とは、「私（阿弥陀仏）に任せよ、真実に身を任せよ」という呼びかけであります。阿弥陀さんに任せるというのは、主体性を放棄することではなくて、自分の「俺が我がの我の心」「我執」が粉々に砕けることであります。この「私」へ、阿弥陀さんの大悲心が入ってきて、自分と阿弥陀さんが一体化する。そして新しい自分へと生まれ変わっていくのであります。

では、そのようなことが我々にかかわりがあるのでしょうか。この問題は次の次の段階でお話をいたしますが、そんなようなことがらを、実は説いておるお経、すなわち『仏説観無量寿経』があるのです。

●アジャセの懺悔

親鸞聖人は、ご本典（『教行信証』）の中でこの問題をかなり詳しく展開しておられます。それはなにかと言いますと、最初お話しいたしましたように、『仏説観無量寿経』では王舎城でおこる悲劇が出発点でございます。その中で主人公は韋提希（イダイケ）という女の方です。この方が救われてゆく、お念仏によって助かるという話になっております。

ところが皆さん、このお話をお聞きになられたときに、一つ腑に落ちんところがおありになったと思います。それはなにかと申しますと、アジャセはどうなるのやということです。つまり実の親父を土牢に閉じ込め、実の母親を苦しめておいて、それでもうこの人はこのお経では登場しません。そんなやりたい放題やっといて、「懺悔」はどないなっとるのかという疑問が出るのは当然です。

それではアジャセは地獄へ落ちるのかということでございますな。そういうことが皆の頭の中に当然出てまいります。ですから、それに答えるためにできたお経に、『大般涅槃経《だいはつねはんぎょう》』というのがあるのです。

『大般涅槃経』は四〇巻近い膨大なお経です。これは涅槃という言葉のとおり、お釈迦様が命を無くしていく最後のお説教が説かれておる内容でございます。

お釈迦様は八〇歳でお亡くなりになられた。その亡くなられたのもチュンダーという、鍛冶職人さんが出した茸料理にあたったことがきっかけとなって、病になりそして亡くなられます。亡くなられるにあたって、皆さんが「お釈迦さん死なんといてください」と、嘆き悲しみ申し上げます。

そしたらお釈迦様は、「人間てこういうものなんや。わしが教えたことはそういうことや。人間は死んでいくんだ。わしが教えたことを心の糧にして、人間を磨きなさい」と申されて、亡くなられたということが、一番古いお経に述べられているんです。

これはかなり現実感がありますので、見た人が書きとどめたんでございましょうか。お釈迦さんが最後に申された人間の生き方、その内容を広げ深めしていきまして、後になって四〇巻近い本になった。それが『大般涅槃経』であり、そのお経の中の、梵行品《ぼんぎょうぼん》巻の三と四というところが、実は先程お話いたしました、韋提《イダイ》希《ケ》さんがでてまいります大舎城《おうしゃじょう》の悲劇の続編なのです。

どういうお話かと申しますと、この梵行品《ぼんぎょうぼん》巻の三と四では、いきなり最初のところから、登場人物が全部『仏説観無量寿経』と一緒であります。アジャセ王子が出てきまして、アジャセは父親のビンバシャラ王を殺します。そして自分が王様の位に就いたというところからはなしが始まります。

自分は王様の位に就いておるわけなんですが、後味悪いんです。親父を殺して自分が王様になった。ですから、「おやじに俺は恨まれへんかいなー」と段々思うようになってきました。心配しておりましたら、体中に、腫れ物ができまして、臭い膿が出てきました。これがなかなか治らんのです。これは苦しいものです。誰でも気が弱くなります。まーいよいよ俺も地獄が近づいてきたか。若いアジャセは、そう思い始めたのです。

そうなりますと、何人かの家来が若い王様の所にやって来ます。まず一人の家来は、こんなこと言います。

「王様あなたは、このように苦しんでおられます。親父さんの罰が当たって、地獄へ行くと思うておられませんか」

すると、アジャセはその通りだと申します。家来は、こんなこと言います。

「心配せんでもよろしい。地獄はあらへんのですから。もし、地獄があったら一人くらい帰って来た人もおってもよろしいやないか。俺地獄へ行ったけれどもエライめにおうたと、舌は抜かれるわ、それからその針の山は歩かされるわ、もう最悪最低のめにおうた。あんな所は行くもんやないって言うヤツが一人や二人くらいおってもええやないですか。ところが誰一人地獄見てきた人おらん。地獄を見てきた人おらんということは、地獄はないのです。無いものについて、落ちるって考えているのはおかしいやないですか」

こういう話を聞いて、アジャセは「ああ、それもそうやなー。ほんならわしは元気よくいこうか」という具合にはいかなかったのです。

また別の家来が来まして、王様に同じようなこと聞きます。

「王様は地獄落ちるって悩んでおられるのではないですか」

そうだと答えますと、「いや、全然心配せんでよろしい。世間には二種類の人間がおります。一種類の人間は仏に仕える者。もう一種類は政治に仕える者。仏に仕える者は虫一匹殺しても殺生です。ところが政治に仕える者は関係ありません。殺そうがなにしようが全然関係無い。あんたのお父さんは弱かったから殺されたのです。我々が望んでいるのは強大な強い王様であります。だから、心配しなくてよろしいのです。父さんを殺しても、あなたが強かったのですから」

こう言うんです。また別の家来がきまして、次のように言います。

「鮎などは、卵を生んで、一年で死にます。子供が生まれてくるということは、親が死ぬということがこの世のことわりです。ですから、あんたのお父さんが亡くなったのは、生物学の示すそのままの姿やから、善も悪も関係ありません。全然心配せんでもよろしい」

こんなようなことを六人の家来が言うのです。ところがそれ聞いて、「おお、そうやな。明日から元気よくいこうか」とはいかんのですな。そして、七番目にでてきますのが医者の耆婆《ギバ》という人です。

耆婆《ギバ》はジーバカというインド人の名前を漢字であてたものです。ジーバカという名前は皆さん、お聞きになったかもしれません。あの「オウム真理教」が上九一色《かみくいしき》村につくった施設の一つに「ジーバカ棟」というのがありましたね。これを漢字で書けば「耆婆棟《ギバ》」となります。なかなかオウムは考えますね。カタカナ言葉ですわ。今や「花屋」というのは流行《はや》らんそうです。「フラワーショップ」と言わないといかんそうです。店員さんは「スタッフ」というと求人においてもうまく行くようです。

さて、ジーバカさんが言います。

「王様が皆の意見を聞いても、心が晴れないのは正しいことです。それは慚愧の気持ちが起こり始めてきたからです。あなたの心の病を治す人は、ひとりしかいらっしゃいません。誰かというと、昔の名前をシッダルタと言い、今は釈迦牟尼仏といわれるお方です。このお方の所へ行かないと治りません」

すると、アジャセは次のように言います。

「俺みたいに、人を殺しておるような人間はとてもそんなところへは行けない」

そう申しますと、ちょうどその時、天から声が聞こえてきまして、「すぐに、お釈迦様の所に行きなさい」と言うんです。見上げても誰もおりません。あまり不思議に思いまして、その声の主を尋ねたくなりまして、「今のお声の主はどなたでございますか」とアジャセが申しますと、「おまえの親父のジンバシャラ王だ」という声が返ってきます。

殺された親父が息子を恨むことなく、「お釈迦さんの所へ行きなさいよ」と言ってくれたのです。それを聞きまして、驚きのあまりその場でアジャセは気絶してしまいます。

ちょうどその時、お釈迦様は、最後のお説教をしておられました。最後のお説教をしておられた時に、今言いました大舎城での悲劇を、神通力で御覧になられまして、皆に言います。「わしはこれからアジャセを救う」と申されます。そしたら聞いておりました人々が、「あんなやつは救ってやるには及びません。そんな人間を何で救わねばならんのですか。お釈迦さん、そんなことはやめて、説教を続けてください」。

こういうふうに言いますと、お釈迦さんは、「お前らはアホか。（アホと言われたかどうかは知りませんが）、お前らはトロい（トロいと言われたかどうか知りません。そんなことおっしゃらなかったんでしょうな）。それは違うよ」と申されます。

「だいたい世間でも言うやないか。七人子供がおったとする。六人目までは南山大学や三重大学に行った。ところが七番目は喧嘩はするし、万引きはする、ろくでもないことばっかやってる。すると親というのは不思議なもので、この七番目の子をかわいがってしまう。それは他の子と差別してるんやなくって、その子をなんとかしてやろうという親心ではないか。アジャセはまさにそんな人物なのだ。私にとっては、アジャセはそういうもんや。だからあいつを救わんといて、なんで私が仏になれるか」。

仏になるというのは、「願作仏心。度衆生心」と言いまして、自ら仏になるということは、皆のために自分が命投げ出すことと一つでないといかんということであります。そうでないと、自分中心主義になります。自分だけ救われて、気持ちよくしている。それはおかしいわけですから、やっぱりその皆と共に自分が繋がらなきゃいかんのです。だからアジャセを救うとお釈迦さんは申されたのです。

この話をしておりましたら、うちのご門徒の方が「ご院さんの言う通りや。わしとこの息子もそうやった。子供の時分は、どうしようもない悪ガキやったけど、今はりっぱに仕事をしておる。お釈迦さんの言われたことは、ようわかります」と言われました。だいたい徹底的に悪いヤツというのは、懺悔しやすいものです。中途半端はあきません。中途半端つうのはどーも危ないね。これはなかなかものにならん。「可も無し不可も無し」というのはだいたいあきません。最悪最低のヤツなんかは、きっかけさえあれば、ガラッと変わるものです。もちろん、変わらぬ人もおりますが。これがまた面白いところです。

そのようなことを考えてみますと、「アジャセを救わずに、わしは仏にならぬ」というようなお釈迦さまの気持ちはわかります。そこで、ウルトラマンみたいな光の輪を放ちます。見たわけじゃないんですけど、お経にはそう書いてあります。その光の輪がバーッと飛んでいきまして、アジャセの体を包みますと、体のブツブツが治ります。御殿医ジーバカの看病によりまして、アジャセは正気に戻ります。

それで、いよいよ、お釈迦さんの所へ行こうということになるんですが、このジーバカさんがおらんと俺は不安やというふうにアジャセは言うんです。何故かというと、「俺は悪いことしとるから、お釈迦さんの所まで、たどりつけないのではないか」という気持ちがあるからです。

非常に細い山道を登って行きます。象に乗っておりますから、象が体動かしたら俺だけ落ちるんじゃないかとアジャセは心配いたします。ジーバカは優れた立派な医者ですから、もし、落ちそうになったらぶら下がって助かろうとアジャセは考えました。

そのように二人は行きました。そうするとお釈迦さまが向こうで待っておられまして、「アジャセ大王」と呼んでくれます。こんな人殺しをした、私のような者でもアジャセ大王と呼んでくれた。アジャセは、たいそう感動いたしまして、そしてお釈迦様のお話しを縷々聞かせていただきます。そのうち、アジャセの心はだんだんと変化していきまして、その悪心が溶けていきます。そしていよいよその話を聞き終わった時に、自分はすっきりいたします。そしてお釈迦様に申します。

「この世間では悪い種を持っておる者は、悪い木を生み出すものです。悪い木からいい種が出たのを見たことがありません。ところが、おはなしを聞かせて頂いて、私は悪い種でありながら今や全然違うものに変わりました。今や私は新しい人間に生まれ変わったのです。これからの人生は、悪を断つために私は命を差し出します。もし悪を断つために、未来永劫地獄の業火に苦しめられても、私はそれを苦とはしません」

このように、アジャセは言います。そしてそのことによって、アジャセは救われて行くのです。こういう物語であります。

ここには、まさに懺悔が貫かれております。悔い改めること、自分のやったこと、その非常に大きな罪深さに気がつき、そして悔い改めた。そしてそれを仏は許した。懺と悔がセットでないといかんわけです。で、そういう状況になった時に、近所の人が許してくれたのではなくて、仏が許す。クシャマーしてくれた。インドの言葉で、このクシャマーという言葉は今も使います。「許してください」と言う時、「クシャマー・キージエー」というふうにヒンディー語で言います。今も使うんです。神に許してもらう。そやから皆許すわけですな。お前に許してもらうじゃなくて、神様に許してもらう。こういう言い方です。

古代インドでは、許しを乞う時には、自分が犯したものと同じ価値のものを相手に提供する。これが許しを乞うやり方だったそうです。そうしないと相手が納得しません。そういうような風習がインドにはあったそうです。それを受け止められて、善導大師は、当時この懺という言葉でクシャマー（仏の許し）を訳されて、悔という中国の言葉で、堪え忍び悔い改める、そして深く自己を見つめることを結合されたのです。

つまり、懺悔とは、阿弥陀仏の智慧の光りに照らされて、自己を深く見つめ、自己の罪深さを悔い改める時、阿弥陀仏はそれを許すという意味であります。そのことによって、自己が新たな人間に成長することになります。

●阿弥陀さまのゆるしと我々

自分を厳しく見つめることは、難しいものです。他人を見つめるのは、簡単ですが。私は三年前から四日市大学の環境情報学部というところに移りましたけれども、ここでは先生を学生が評価します。簡単に言いますと、先生の出来は何点であると学生が評価するのです。これは、先生方の授業のどこに問題があるのか、どの点がいいのかを知って、先生方が自分の授業の改善に役立てるためのものなのです。

しかし、正直に言いまして、一生懸命やっているのに評価が低いと腹が立つものです。「何を生意気な、今に見ておれ」などという気持ちも起こるものです。誰でも、欠点があったら指摘してほしいと言いますが、他人に指摘されると悔い改めません。何故かと言うと、他人は人間ですから。人間が人間を批判するのは、先程のお話にもございましたように、簡単です。ものすごい剣幕で言えますけども、私は人を責めんようにしています。

何故かって言うと、私そんな立派な心持っているんじゃなくて、セコイ心の持ち主だからなのです。他人に対してガーガー言わないようにしています。今度自分がやられますから。そやからやられんように、「あー、そうですな」などと言っていると、自分に跳ね返ってくるときは柔らかくなりますよ。

結局のところ、人間が人間を許すことは、根本的にできないのであって、できるとしても、それは打算しかないのです。許すことができるのは、阿弥陀さまだけであって、阿弥陀さまの限りない智慧の光りに照らされて、初めて自分の暗い影が見えるのです。この影こそが、自分の無知、無力さなのです。

自分が最悪最低であるということが、自分で分かるということなんですが、自分で自分はなかなか分からんもんです。絶対分からんですな。私もこう言うとりながらな、つい自慢してしまいます。自分はどうしようもない最悪最低だと偉そうなこと言っているのですが、つい何かきっかけでもあると、心の底で「それでも俺はそこそこだ」とつい思うてしまうのです。最悪だ思う端から、そこそこだと思うてしまいます。もうどうしようもないです。

「ご院さんは、語学ようできなさるな」と言われますと、嬉しくなってつい、「できるよ」と言うてしまうんです。「英語、ドイツ語、フランス語なんでもペラペラやで」と言ってしまうのです。言わんとこと思うんですが、なんや知らんけど、煩悩は抑えられませんね。……こう言うてしまう。

で、自分の欠点を嫁さんに言うてもらってもな、やっぱりな当たってますわ、ものすごく腹立ちますわ。私にも経験があるのですが、どうしたらタバコやめられるか、こうしたらやめられると言われてもな、分かっちゃいるけどやめられないって、皆こう言いますな。あれは分かっとらんのですわ。本当に分かったら行動します。本当にご信心をいただいたら、お念仏が出るはずです。

ある偉いお坊さんの話でございますが、非常にありがたい説教をなさる方です。その方が神経痛で、寝込まれたんです。寝込まれて、イタイイタイとそのだんなさんが言われますので、奥様はこうおっしゃいました。「あんたなー、いつもお念仏の尊さをどこでも言うておられますやろ。そんな情けないこと言わずに、お念仏の一つでもでたらどうですか」

すると、「こんなに痛いのに、念仏なんかどうして出るか」とおっしゃったそうです。そういうもんなんです。我々が、自分で唱えるっていうのはそういうことなんですわ。

「わかっちゃいるけどやめられない」という言葉ですが、これは実は「わかっていないから、やめられない」です。では、何故分からないか。それは、人が人に言うとるからです。そうではないことが起きるときに、我々は分かるんです。

そんな時あるやろかと疑問に思われるかもしれませんが、あるのです。子供は子供なりに、大人は大人なりに、女性は女性なりに、年齢、学歴、性別、全部関係なしに、「もう、あかん、何と私は情けない存在か」と思う時があります。

ちっちゃい子が人から借りてきた「たまごっち」無くしたら、もう死のうと思います。もうどうしようもないと。私は子供の時に、父親が大事にしておった、糸鋸切を使って何かを切ったんですわ、そしたらボキッと折れてしもうたんです。その時、「もう僕は死んでお詫びせなあかん」とまで思って、泣いて親父に謝りましたら、こんなものなんぼでもあるやないかって言われて、ほっとしたことがあります。

日常生活の中で、「もう私はあかん、なんと情けないことか。人の借金の保証人の判子をついてしまった。そのため、えらいこと銭取られた」とか、「なんと俺はバカやったか。己の馬鹿さかげんに、もー愛想が尽きた。首でも吊ろうか」などのようなことが、程度の差はあれ、どんな人にもあるわけです。

実はそれは阿弥陀さんの呼び声を聞かせてもらったと考えることもできます。何故なら、普段は自分はそこそこのもんや、無力やないと思っているからです。現に誰でもそう思います。

ところが、「私はそこそこのものどころか、もうどうしようもない存在者なんだ」と思うのは実は、阿弥陀さんの呼びかけが聞こえたことなのです。その呼び声は、我々が人生にまともに向き合わない時には、入ってきませんけれども、人生にまともに向き合った時、聞こえるのです。

今申し上げたのは、一つの例でございます。いつもそんな時やなくて、人間が生きているなかで、もっともっと複雑な絶望感を感じます。逆に言うと、徹底的に追いつめられて、絶望感を持たないとあかんのですわ。だから「豊かに」暮らしていますとあきませんねん。ハングリーになってくるとシャキッとしますのなやな。そういうようなもんです。

ハングリーになるというても、現実と向き合う厳しさがないとあきません。現実と向き合う厳しさがあったときに、深い自分の懺悔の気持ち、なんと自分は情けないのか、実はこれは阿弥陀さんの智慧の光によって照らし出されて自分の姿が見えたのです。絶対に見えないものを見えるようにしてくれ、かつまたそれを可能にしてくれた存在者を説明することができない、まさに人間の思慮を越えた不可思議なことでございます。

これは自分で見えたんではなくって、阿弥陀さんの智慧の光に照らされたから見えた。自分の客観的すがたが見えたらこんな強いもんないですな。自分が見えないからあきませんのや。

で、自分が見えたら解決の道が出てきます。自分の姿が見えた。そして阿弥陀さんが私たちに向かってお前を救ってやるぞよ。任せとけ。それが南無阿弥陀仏となって私に入ってくる。そういうことによって、救われない私が救われていく。そのことによって新しい自分のステップが生まれてくる。こういうことがこの二種の深心の意味やないかと思います。（よく、「不幸つづき」の人は、現世利益型の「エセ」宗教にはまりこむと言われます。「私を救ってくれる」対象を自分の願望・我欲とを一体化させると、これは自分で自分を信仰対象にしてしまうことになり、しょせん気やすめにすぎません。このような現実からの解放をしていただけるのが阿弥陀さまなのです。）

この問題は阿弥陀さんの話ばかり言っていても分からんのです。人生、社会の問題を自分の問題として受け止めることが肝心です。こっちの側の問題として受け止めませんとな。

例えば、従軍慰安婦の問題とか、日本が中国でやってきたような問題とか、こんなもんほったらかしとったらあかんのです。これを自分の問題として受け止めた時、その受け止めたその自分が立ち直るきっかけはそこからでないとないんですな。厳しいです。これはものすごく厳しいです。そのことをいいかげんにしておいて、どうのこうのというとってはあかんのです。それは非常に自分の厳しさとして受け取る。

善導さんやないですけど、目から血を流し、皮膚から血を流せと、こういう深い自己反省。こういうことをおこすのは自分ではなくて阿弥陀さんの呼び声を聞いたからそれが可能になる。それが私の上に現れてくるという形、実はそういうのをさせていただくのも阿弥陀さま。

その阿弥陀さんに私たちが任せとけよって言われる、その阿弥陀さんに我々がおまかせできる。ふらふらしている自分を阿弥陀様につなぐこと、そうすることによって我々の本当の機法一体の南無阿弥陀仏の意味が、我々の体に分かってくる。

そういうことが分かることが、ものごとが見えるということです。真実が見えるということが深心であり、それが信心であります。

「智慧の信心うる人は」と、親鸞聖人は御和讃の中でもいうておられます。信心というのはまず、智慧です。物事が見えるそういうことでございますな。それを光で表現しておる。そのものに触れると我々生きる元気が沸いてくる。そういうものを我々が頂いた時に、これを「現生不退」と言います。

善導さんの時代では、不退転は死んでからの話だったんです。ところが親鸞聖人におきましては、信心をいただいたときに我々は、この世にありながら、仏さんの候補者にしてもらい、命終わったら仏にさせてもらうと捉え返され、不退の位を現世における信心獲得、「現生不退」と理解されたのです。

それで信心を得た後の人生は浄土へ結合された、まっすぐの無碍の一道、「念仏者は無碍の一道なり」と歎異鈔に出てきますが、そういう道筋を歩んで行く人生となります。その無碍の一道はどうしたら見えるかというと、深い懺悔です。これがベースになっておるんではないかと思います。

先程から触れておりましたが、アジャセの気持ち、アジャセというのは特殊な人ではありません。実はアジャセというのは、私たちのことなんです。そのように我々が受け止めた時、この懺悔の気持ち、これが二種の深心の一番のベースになります。このことを我々は受け止めさせていただくことによって、本当の人間の第一歩がはじまる。自分の内なる自分を見つめ、そのことによって新しい人間として人生を歩み、命終わった時、浄土にかえっていくという道筋、そしてまた、そのことが分かることによって、他人と共に手を携えてその手を横へ横へと伸ばしていくことが求められるのであります。

願作仏心度衆生心という言葉が示すように、この現世において我々は他者のために生きることと自己の生き方を結合させねばなりません。

親鸞聖人は、文類偈の中で「謗法闡提廻皆往」と申しております。最悪最低の人物、人殺しもするようなどうしようもない人といえども、むしろそういう人こそ他力のご廻向によって我々の心を廻すれば、悪心を翻せば皆行く、皆浄土に生まれることができる。廻向によって生じる廻心の出発点は、この現世であります。我々にとって一番肝心なのは、真実世界である浄土とこの現世とを結合させることであり、真実は現世から始まるという立場に立つことであります。真宗信心には現世と来世の二つの益があると蓮如上人は申しておられます。そのことをいただかせていただくのが、一番肝心な真宗のご信心やないかと、かように思うわけでございます。

どうもご清聴ありがとうございました。南無阿弥陀仏。

2

現実世界と私たちの救い

（「平生業成」について）

浄土真宗でよく私どもが聞く言葉に、「平生往生《へいぜいおうじょう》」とか「平生業成《へいぜいごうじょう》」という言葉がございます。

正式の用語では「即得往生住不退転《そくとくおうじょうじゅうふたいてん》」という言葉でございますが、ちょっとそれが分かりにくいもので、本願寺の存覚上人《ぞんかくしょうにん》は「平生業成」という用語でおっしゃられました。高田の真恵上人《しんねしょうにん》は「平生往生」と申しておられました。いずれも、基本的には同じ意味でございます。

この用語は、他の宗派では一切用いない、浄土真宗独特の用語であります。今日はこのお話をさせていただこうと思います。

●平成業成と私の体験

平生往生というのは我々よく聞きます。普段、ろくに勉強せんといて試験の前にだけ一生懸命やっていると、「そんなもんは平生往生や、もっと前からやっておけ」と言われます。そんな言葉は皆さんお聞きになられたと思います。私もどういうことかよく分からなかったんですが、実は子供の時につまらぬことで、この言葉の意味を、体験したことがあります。

私が生まれたのは本願寺派のお寺でございまして、たまたま、家で翌日のテストの勉強をしていましたら、ご門徒のおばあさんがその日に亡くなられました。亡くなられましたので、枕経を勤めに行かなければならなくなりました。普通でしたら親父が行きますが、その日はあいにく都合がつかなかったので、その日の夕方、私が行かねばならないことになりました。

ちょうど中学校の中間試験の時で、私は普段から勉強嫌いですから、その日だけは勉強の素振りをしておりました。母親に「試験勉強中だから、それは困る」と言いますと、母親はこう言いました。

「何を言うておるのか、真宗は平生業成や。人生何が起こるか分からんのやから普段からやっとかないかんの。お前はいつもお仏飯を頂いているのだから、行かないといかん」

これはなかなか説得力がありまして、今やったら言うことをなかなか聞かんのでしょうが、母親が言いますので、私はその日の夕方、枕経を勤めて帰ってまいりました。

翌日試験ですが、それは絶望的な出来具合でございました。もう本当に成績が悪く、たしか百点満点で八点でした。その試験のことは今でも覚えています。科目は理科でした。理科が特に悪い。他も悪いんですが、理科が一段と悪かった。その時に母親が平生業成と言った言葉を思い出しまして、「そうや、前の日にやろうとしたのがアカンのや。そしたらもうちょっと、ずうっと前々からやっとりゃええという意味やろか」と、勝手に解釈しました。

それで試験が終わりましたが、もう出来がメタメタに悪いことがわかっていたので、とにかくさっぱりました。そしたら一回まあ理科の教科書でも見てみようかという気になりまして、寝転んで読み始めました。すると、案外分かるものです。明日試験と言われると、必死になりますが、そのわりに覚えにくいものです。これがまだ一か月ぐらい先の話となりますと、気が楽です。

教科書を読んでいるうちに、わからない所がどこかわかります。わからないところは、私の隣の座席に座っていた、よく出来る生徒に尋ねました。その方はのちにお医者さんになられました。この方は理科が大得意で、先生に教えてもらうよりよくわかります。その友達に教えて頂いて、いくつかのことが分かりました。

そうしているうちに、また試験ですわ。不思議なことに、慌てふためきません。別に自分が理科を理解したということではないのですが、割合気楽な気持ちです。特に前の日も勉強せずに、試験を受けたのです。「まあこんなもんかなあ。これで点悪かったら、それもおもしろいな」という気持ちです。

ところが試験が終わって先生がおっしゃいますのに、「今回の試験は難しかった。皆出来が悪かった。二、三人だけしか出来てる者がいなかった」。誰やろなと思ったら、「その一人は君や」と先生が申されたのです。それで試験返してもらったら、私が八一点で、医者になった生徒は私と似たような点でした。私が吸血鬼のようにその生徒の知識を吸い取ったような気がして、申し訳なく思いました。

このことからわかったことがあります。つまり、普段からやっていたら別に慌てふためくことは無いということであります。母はそのことを言いたかったから、わざわざ私に、試験の前の日に、枕経を勤めに行って来いと言ったのかなあと勝手に思いました。でも、実際は面倒くさいから、私に行って来いと言っただけだったのかもしれません。そんなことがございました。

それ以降、平生業成という言葉がずっと頭の中にございまして、ずいぶん気になっておりました。それで私が大学に入学してからも、この言葉ずっと頭にありましたもので、色々本を読んでみました。そしたら何とか分かってきた部分がありました。それは、最初に申しました試験のことと、まんざら離れたものでもございません。今日はそのお話をさせていただきたいと思います。

●臨終往生と平生業成

さてこの「平生業成」という言葉に対立する言葉は、「臨終往生」という言葉です。平生と臨終。臨終というのは命が終わる時。普段、よく聞きますのは、命終わる時に阿弥陀さんが迎えに来てくれるということであります。そして、迎えに来てくれた車にのって浄土に行くという話であります。このようなものが臨終来迎による往生ですね。

臨終往生を得るためには、親孝行をしたり、寺に寄進をしたり、一生懸命勉強したり、そういう善根功徳を積まないと、阿弥陀さんは迎え入れてくれないのだといわれます。そのようにして、死を迎えて、阿弥陀さまによって浄土に生まれることを臨終往生と申します。

そうしますと臨終往生では、見事に仏さまが私どもを迎えに来てくれるのかどうかというのは、生前に積み上げた善根功徳の嵩で決まるということになるわけです。ならば、一生懸命やったらいいかと申しますと、これなかなか難しいものです。なぜ難しいかと申しますと、自分は一生懸命やったつもりの結果を、誰が判断するかという問題があるからです。

親孝行も一生懸命やった。お寺さんのことも一生懸命やった。一生懸命お経の意味内容も勉強した。自分では善根功徳を積み上げたつもりであった。ところが自分が一生懸命やったということを判断するのは、人間とは違う方であります。つまり仏さんが判断するのであります。

そうすると、善根功徳を積み上げたつもりでも、いよいよ命終わる時に、仏さんは来ないかもしれません。仏さんに来てもらわなければ、積み上げた善根功徳は無駄ですね。これはちょっと情けない話です。もう一回やり直しさせて下さいとお願いしても、もう命は終わっています。

普通宝くじでも、――実は「空くじ」って言うそうですけれども――、買ってはずれたら、もう一回買うこともできます。競輪で負ければ、またやります。パチンコでも同じです。だから、さらに損するようになっておりますので、仏さんの方は一回でいいようにしてあるのかもしれません。

この場合でも、困ることがあります。銀行の預金ですと、いったいいくらあるか途中で見ることができます。私の聞いた話ですが、ものすごいケチな人がおりまして、この方はお金を貯めることを生きがいにしておられます。大学を卒業されて、勤めも安定している公立学校の先生を選ばれました。先生になるのも、都会の学校の先生ですと、僻地手当てがつかんと言って、自ら僻地を希望され、山奥の雪深いところを選ばれました。

それでこの人は徹底してまして、友人と一緒に食事にいっても、魚の形したソースやお醤油の入っている小さなポリエチレンの空の容器を幾つか持って、料理屋さんへ行き、それでソースや醤油を吸い込んで帰ってくるそうです。そうやってやっていても人間には煩悩がありますので、「ええい、思いっきりお金を使ってやろう」、と思ったりすることがあります。ところが、その時どうするかと言うと、預金通帳をじっと見るというのです。そうすると、「これだけ貯めてきたのだ。よし頑張ろう」という気になって、また頑張るという話を聞きました。

ところがその場合でも、自分が今どこまできているかというのが分かります。そやから頑張ろうという気になれるのです。ところが善根功徳は、どこまで到達しているかわかりません。どれだけ積み上げたかを知る預金通帳がありませんから。最後になった時に、お前ははずれたということですな。

これは、お聞きになってどう思われますか、みなさん。

生前、立派なことをされておったとか、あの人はすごい人やったというても、その人がなくなる時に阿弥陀さんが迎えに来たというのを見たことはありません。ひょっとしたらその人だけに見えるのかも分かりません。私も父親二人亡くしましたが、阿弥陀さまは来られませんでしたね。来られなくていいのです。なぜなら二人とも浄土真宗の僧侶で、臨終来迎による往生を求めないからであります。不来迎であります。阿弥陀さんに、自分の命が終わるそんな時に来ていただこうと思っていないのです。これでよろしいのです。

臨終来迎を当てにして善根功徳を積み上げることに一生を賭けるとしたら、辛いですな。阿弥陀さまがいらっしゃれば、よろしいでしょう。いらっしゃったことは本人には見えるのかもしれませんが、回りのものには確かめることができません。そうすると、困ったことになります。善行功徳を積んでも、力が入りません。「本当は私はうまく浄土に行けるだろうか」という気持ちが起きるでしょう。常に疑いの心があって、阿弥陀さまを頼りとするのは、失礼な話であります。

それともう一つ失礼だと思うのは、自分が浄土へ行くために親孝行するなら、これは親を手段にすることになります。お寺に多額の寄付をしようと思っているのも、実は、自分が浄土へ行くための寄付だとしますと、寄付を自分の目的達成の手段にすることになります。一生懸命、仏教の勉強していても、世のため人のためでなくて、自分が浄土へ行くためにやってるのなら、これはえらい勝手な発想であります。

そういうふうに考えて行くと、善行功徳を積んでお浄土へ行くという道筋はやめた方がいい。ま、やってもろうてもよろしいけども、行ける確率がほとんどないかもしれません。それに賭けるという人もいらっしゃれば、それはご自由でございます。そういう道筋が、臨終往生の道筋です。

この道筋は、お浄土へ行けるかどうかわかりませんので、生きている時も不安です。また、命が終わる時、阿弥陀さまが来られなかったら、お浄土へ行けません。そうなると、生きている時は不安、死んでからも不安ということになります。だから、臨終往生を求めるというのは、できることならやめたほうがいいと思います。

臨終往生がだめなら、どうしたらいいのかというところで、登場してくるのが、我らの浄土真宗なんです。

●浄土真宗における平生業成の意味

浄土真宗はこの問題をどのようにして、クリアーするのか。これにつきまして、『仏説無量寿経』の下巻の

「本願成就文《ほんがんじょうじゅもん》」と御本典に基づいて検討しようと思います。

大経（仏説無量寿経）下巻の最初のところに、有名な本願成就文と呼ばれる箇所がございます。その最も重要な箇所は、

「聞其名号、信心歓喜、至心廻向、即得往生、住不退転」

であります。簡単に申しますと、こういうことです。

「聞其名号《もんごみょうごう》」とは、私の呼び声、すなわち、罪悪深重のあなたたちを必ずすくい取ってあげます、お念仏を申しなさいという呼び声を聞くことであります。ここで「私」というのは阿弥陀さまです。

阿弥陀さまのその呼び声を聞かせてもらうと、それを主体的に聞かせて頂くと、「信心歓喜《しんじんかんぎ》」すなわち、「〈これしかない。もうこれ一筋に、お任せしよう〉と喜んで、本願のいわれを疑いのない心で受け止めさせていただくこと」、そんな気持ちになることが「信心歓喜」であります。

この信心は、本来、自分のものではなく、「至心廻向《ししんえこう》」＝「阿弥陀さまが真のこころでわれわれに与えられたもの」であります。阿弥陀さまの廻向により、つまり他力のご廻向、本願力回向により信心を賜ると、たちどころにその場でわれわれの往生は決定します。これを「即得往生《そくとくおうじょう》」と申します。

「住不退転《じゅうふたいてん》＝かならず仏となる身にさだまること」というのは、我々が娑婆世界で生きている間、将来仏となる身が定まった人生が送ることができるという意味でございます。これを「現生不退」と申します。この内容が、「平生往生」、「平生業成」であります。

「本願成就文」の意味を説明させていただきましたが、これは親鸞聖人独自の解釈でございます。一番の要点は、「往生」を「来世」から「現世」へ引き戻し、現世と来世を一本の道筋でつないだことであります。

親鸞聖人以前は、人間はまず来世で「往生」してから、仏の修業をして「成仏」すると考えられておりました。これは現世から遊離した、「来世中心主義」にならざるをえません。おそらく、貴族や権力者はそれに満足したことでありましょう。人間の「すくい（主体化）」を現世と結合させるために、親鸞聖人は「本願成就文」の「至心回向」の主語を「この私」ではなく、「至心回向したまえり」という読み方に見られるように、阿弥陀さまと捉えられたのであります。

われわれ人間は救われようのない存在であり、そのことを自覚させるのが阿弥陀さまであり、その救われようのない人間に、救われる喜びを与えるのも阿弥陀さまであるという、中国の善導大師の著書『観経四帖疏』の「深心釈」に依拠しての捉え方であります。

救われようのない、私たちに対して「南無阿弥陀仏の名号をとなえよ」という呼びかけをわれわれが受け止める場は、現世であります。「南無」というのは「まかせる」という意味であり、自分の帰すべき拠り所が見つかったことでもあります。「阿弥陀仏」とは「真実そのもの」であります。南無阿弥陀仏が称えられるということは、自己が真実と一体になったことであり、それが未来にわたってつづくことであります。自分が真実と一体になるということは、自己の真実が見え世界の真実が見えることであります。この主体的なめざめの体験が信心と呼ばれるものであります。このような信心を得た時が、現世において「不退の位」を得るのであります。

これが「現生不退」と呼ばれるものであり、現世にいても、心はすでに浄土にあり、次の世においては必ず仏となることが約束されている弥勒菩薩と等しい位置にあると、親鸞聖人は申しておられます。

歴史的に見てみますと、浄土に生まれるために、善行功徳を積むということは必要がないということをすでに、法然上人が申しておられます。その理由は、善行功徳をお浄土行きの条件にしますと不可能なことが起こるからであります。

例えば、親のない人は、親孝行できません。お寺に多額の寄付をせよと言っても、お金のない人は、出したい気があっても出せません。それからお経に書いてある内容を勉強しようとしますと、なかなか大変です。漢文、サンスクリット語、チベット語、パーリー語を最低限読めなければいけません。そのためにはさらに、ロシア語、ドイツ語、フランス語をこなさないといけません。ウイグル語もできたほうがいい。モンゴル語もやらなきゃいかん。これらすべてをやることは、できません。

だいたい、サンスクリット語――これはインドの古典語ですが――これを勉強してものになるのは、五十代といいます。東京大学や京都大学でも、またほかの大学でも、梵語・梵文学、インド哲学を専攻される方がいらっしゃいますが、梵語学、サンスクリット語学を勉強される方は一年に数名いるかいないかです。それがものになるかならんかは、難しいことです。これは、なかなか金も掛かることであり、それだけ金を掛けてもものにならないこともあると言われます。

これらの三つの条件をそなえている人はまずおりません。

そのようなことを考えていきますと、お浄土行きの条件を善行功徳と設定しますと、九九・九九九九九パーセントの人は溢れていくんです。ところが阿弥陀さんは皆を救うてやると申されたわけです。従いまして善行功徳をお浄土行きの条件にはなさいません。それなら親孝行せんでもええのかということではありません。親孝行はなすったらええわけなんですが、そのことはお浄土行きの条件ではないということであります。

一生懸命勉強することとお浄土行きは関係ない。ものすごく勉強した。そしたらその人はお浄土へ行けるのかということは全然関係がないんです。信心が必要なのです。信心がなければ、親孝行も、寄進も、勉強も意味がないのであります。

それでは、善根功徳以外の方法で、すべての人ができるものは何かということになります。それは「南無阿弥陀仏」を称えることであります。これなら、誰にもできます。こんな簡単なことでいいのかと思われるかも知れません。ここには、一つだけ条件があります。「聞其名号」と申しまして、阿弥陀さまの呼び声を聞かせてもらわないといけないのです。お念仏を申せという呼び声を聞かせていただき、疑いのない心でそれを受け止め、そして、お念仏が口から出てくるという枠組みがいるんです。これは難しい。

阿弥陀さまの呼び声を聞くということはどういうことでしょうか。阿弥陀さまは、我々に向かって日夜、十劫の昔から私どもに、「お念仏を称えよ、どうしようもない救われようのないあなたを救う」と申しておられます。ところが我々には、その声は聞こえてこない。何故か。人生の生き方がええかげんだからなのです。人生に社会にまともに眼を向けようとしないからなのです。

では我々がまともに現実に向かい合った時、何が出てくるでしょうか。それは自分の無力さです。夫や妻を亡くした。なぜ救うことができなかったのだろうか。あるいはまた、人に裏切られた。なんであんな人を信用してしもうたんやろ。状況はいろいろあります。合格すると思った大学に落ちる。なんで落ちたんやろ。つくづく自分のバカさ加減に嫌気がさす。そんな時がどんな人にも一度や二度はあります。

実はそれが私どもの本当の姿です。私どもはいくら勉強して知識があっても、生死の問題に関して慌てふためくものです。学問ではこれは解決出来ません。そういう状況になると、いかに私どもがあさましい、無力な存在かがありありと分かります。ところがこれは自分で分かったのではありません。これは阿弥陀さんによって分からされたんです。

ふだん、私どもはよく申します。「お前の欠点はここやから直せ」と。当たっておるとカッチンと来るものです。「何言うとんのやお前、そんなことえらそうなこと言うとるんやったら、お前こそそこ直せ」と言い返したりします。

ところが、あるお方に言われた時には、ウンと頷く。それは誰か、人間ではありません。人間に言われては、心底から頷けない。その証拠に「わかっちゃいるけど、やめられない」という言葉があります。

本当にわかったということは、「わかったら、やめられる」、すなわち「わかること」と「行動」が一体化するのであります。この一体化は阿弥陀さまの呼び声を心の耳で聴かせていただいた時でございます。「私はなんと情けないやつや」と心底納得するのは、これは自分で分かったんではなくって、阿弥陀さまの呼び声を聞かせてもらったから、ウンと頷いた訳です。「どうしようもないお前を救うてやるぞよ」という声が私に響いてきます。そしたら阿弥陀さんにお任せするしかありません。

「南無阿弥陀仏の名号を称えよ」という場合の、「南無」というのは何でしょうか。それは「お任せする」という意味です。お任せできない私が阿弥陀さんにお任せするという気持ちが湧いたのです。これは阿弥陀さんが私に対して、そういう気持ちを起こさせてくれた。南無というのは私が起こす気持ちではなくって、阿弥陀様が私に起こさせる回向の力です。

従いまして、「南無というは帰命なり、またこれ発願回向の義なり」と善導大師は申しておられますが、南無というのはお任せするという意味であります。それは自分がお任せするんやなくって、阿弥陀さまのお力によってそういう気持ちにさせられるんです。

では、「阿弥陀仏」とは何か。これは真実そのものであります。「南無阿弥陀仏を称えよ」ということは、阿弥陀さんにお任せして、阿弥陀さんと私が一体になることであります。この私の中に、阿弥陀様が入ってくる。

これどういうことかというと、海みたいなものです。色んな川の水が海へ流れていきますが、海に入るとみんな一味になります。

私たちは皆それぞれ異なっており、色々汚れきっておりますが、そこに阿弥陀さんが入ってきて、汚れ水が一つのきれいな水になるんですな。汚れ水のままきれいになるんです。我々はこの世で生きていますから、汚れ水のままなんですが、それが汚れ水ではなくなるわけなんですな。その清らかな水になる。そういうような状況になるということの証しが、口から南無阿弥陀仏と出ることでないとあかん。つまり、阿弥陀さまの真実を見る目が私に頂けたのです。

すると物事が見えてくる。信心というのは、わけもわからず信じることではなくって、ものが見えることなんです。そうすると我々が生きている中で、社会において間違ったことが見えた時、それに対して「間違っている、こうでなければならない」とハッキリものが言えるようになります。そしてそうと分かったら行動できる生き方ができる。そのような主体が形成される瞬間すなわち、古い自分がうちすてられて、新たな自己が誕生するときがいわゆる「即得往生」であり、これを平生業成、平生往生と言うわけです。

我々にとっての条件は阿弥陀さんの声を聞かせて頂くことであります。その時に信心が起き、その瞬間に我々の往生が決定し、なおかつ、我々まだ生きておりますから、その生きておる間は不退の位です。将来仏となる身が今確定したということであります。その時から、喜びの人生を送らさせて頂く。そして命終わったとき仏となる。従いまして信心を得るのは、現世であり、死んでからのはなしではないということになります。

親鸞聖人の以前の時代では、死んでからの問題をよく言うたんですが、浄土真宗は「現生不退」、この今生きているここにおいて、不退の位につかせて頂きます。

そうすると阿弥陀さんと私たちは一体になっておりますから、生きる元気が出てきます。そして個性豊かになります。それぞれのよさを持ちながら、阿弥陀さんとドッキングしますから、個性豊かな、今様の言葉でいうと、自己のアイデンティティーでしょうか。そういうものを確立した人間となります。そして皆横へ手を広げて他者と連帯できる、そういう人間になれる。

個人の確立。自我の確立。主体性の確立と連帯の確立を問うておるのが浄土真宗であります。非常に現代的です。これが我々に生きる力を与える。これが現世の利益なんです。

現世利益は浄土真宗においては、現実世界において主体的に個性豊かに他者と連帯して生きる力が得られることであります。そして死んでから先も、安心。これがいわゆるソクトクオウジョウ。別の言葉で、ひらがなでいいますと、「へいぜいおうじょう」の意味である。

こういうことを親鸞聖人は説きあかされたというのが、浄土真宗の一番のポイントであります。

どうもご清聴ありがとうございました。南無阿弥陀仏、南無阿弥陀仏。

3

浄土真宗における自然

（親鸞聖人と自然法爾）

南無阿弥陀仏　南無阿弥陀仏
「自然というは自はおのずからと言う。行者のはからいにはあらず。然というはしからしむるという言葉なり。しからしむるというは行者のはからいにあらず。如来の誓いにてあるがゆえに」　南無阿弥陀仏　南無阿弥陀仏

●自然《じねん》の意味

冒頭にかかげましたこの言葉は、親鸞聖人八六歳の時のお言葉でございます。これは亡くなられる四年前に、御開山聖人が到達された思想の結論であります。その内容をお弟子さんにお話されました。これをじかに、お聞きになられたのが、高田の顕智上人《けんちしょうにん》であり、お言葉を「聞き書き」されたものが今日「自然法爾章」として伝えられたものであります。

まず、一言で申しますと、自然というのは何か。それは「おのずからそうさせる」という意味であります。法爾というのは「法の力によって、そうあらしめる」という法のはたらきを意味する言葉であります。これは我々の「俺が我が」の計らいをこえて、真実が私たちに、立ち現れてくる。それが阿弥陀さんの計らいなのであります。我々衆生があれこれ思い計らうことではありませんよ、ということを非常に分かりやすく申されたのでございます。

したがいまして、阿弥陀さんの計らいに任せると、これが一番この救いの問題を考える時に必要なことなのであります。このことに素直にうなずけた時、われわれは現世において、不退の位に住することができるのであります。

さてこの自然《じねん》という言葉ですが、現在では、私たちは自然《しぜん》と申します。自然《しぜん》すなわち、Natureという語に対応するインドのヒンディー語で見ますと、なんとdharm(ダルム、サンスクリット語ではダルマと発音します)、すなわち「法」であります。法爾《ほうに》は、サンスクリット語ではdharmata、ダルマターと言います。

ダルマターというのは、辞書で調べてみますと、おもしろいことに次のような意味がございます。「正義、公正」、神さまを敬う「敬虔」、それからもう一つ「自然本来に内的に備わっておるもの」こういう意味なんです。実は我々のいうておるジネン(自然)なのです。そういう言葉がこの「ダルマター」の意味なんです。

「ダルマ」は中国の言葉では「法」と訳されております。この「ダルマ」に「ター」をつけますと、「法であること」「法のはたらき」という意味になり、我々の意識を離れて、そのものがそのものとして内的に動いておる真理そのものはたらきそのものが「法爾」だということになります。ジネン(自然)というのはそういうものであります。だから「法爾自然」とも申します。

この頭の「法」を取り、下の「然」を取ってくっつけますと「法然」上人のお名前となります。法(真実)のはたらきのあるがままを、受け止めさせていただく。計らうこと無しに、それを受け止めさせていただくというのが、法然上人のお名前なのです。

さて、この「法爾自然」、「自然法爾」という概念は、歴史観についても当てはまります。我々があがいてもしょうがない、なぜなら歴史は自ら進むべき方向を持って進んで行くのであるから。これも「自然法爾」であるというふうに、日本の中世の時代には言われておりました。ですから、この言葉は、特別に親鸞聖人が考えたということではなくって、当時に存在した言葉でございます。

当時の「自然法爾」という概念は、現状肯定主義の意味で捉えられていたようであります。権力者が権力をもち、弱者が弱者のままであるのは、あがいてもしかたのないことで、認めなければならないと考えられていました。これは権力者にたいそう都合のよい考え方です。

親鸞聖人のすごいところは、そのような考え方を根本から覆した点であります。親鸞聖人は、絶対他力の立場に立って、「自然法爾」を阿弥陀さまの本願力につないだ点であります。つまり、妄想や我執、主観的思い、を肥やしとし、それを乗り越えて、無視され蔑まされてきた「客体」としての民衆が真の「主体者」となる道筋を、真の人間に目覚める道筋を、「自然法爾」として提起されたわけです。

このような例は西洋近代においても、見ることができます。ヘーゲルの「現実性」の概念は、当時のプロイセンの封建的支配の合理化に利用されましたが、これに対してマルクスは、現実を過程として捉え、現実の中にあって、現実を別のものへと転化させる理にかなった力を現実性として捉え返したのと同じであります。歴史の転換期には、時代、地域をこえて同じようなことが起こるのは興味深いところであります。

話が横道にそれましたので、もとに戻させていただきます。「自然法爾」について、いろいろ見て参りますと、私は古い、インドの民話の世界にたどり着きました。本日は、そのお話を紹介させていただこうと思います。それは『ジャータカ物語』であります。『ジャータカ物語』というのは、本生話とも呼ばれております。

●『ジャータカ物語』と自然《じねん》

もともとインドには、お釈迦さまがお生まれになる前から、民話が沢山ございました。猿や、鹿や象や多くの動物が主人公となって、活躍いたします。例えばその中の一つは、日本にも伝わっております。猿の生き肝の話がそうであります。

乙姫さまが猿の生き肝が食べたくなりまして、クラゲを使いに出します。クラゲは猿のところへ誘いにいって、乙姫さんのところへ連れて行ってやると言うんですが、途中でクラゲは愚かにも「お前の生き肝は、乙姫さんに食われるのだ」と口走ってしまいます。

それを聞いた猿は次のように申します。「早く言ってくれてよかったよ。今、生き肝はあそこの木に掛けてあるのや」。そう言って、無花果《いちじく》の実を指します。生き肝のはいっていない猿を連れて行っても意味のないことで、乙姫様にも叱られますので、クラゲは猿を無花果の木まで連れて帰ります。すると猿は、木に登って、「お前はアホか。肝はこの身体の中にあるに決まっているではないか」とクラゲに申します。

こんな話、お聞きになったと思います。本来の『ジャータカ物語』では、猿を連れ出したのは、ガンジス河の鰐《わに》で、自分の奥さんの要望で生き肝を取りに行く話になっています。

『ジャータカ物語』では、主人公となる動物が難問解決をはかるさいに、光る智慧が出てきます。お釈迦さまが亡くなってからでございましょうかね、この物語中で冴え渡っている主人公こそ、お釈迦さんがこの世に生まれ変わる前の姿であったと、説教されるようになったのです。これならよくわかります。

実は、『ジャータカ物語』の中の一つに「自然法爾」の内容にピタッと合うのがございます。そのお話をさせていただこうかと思います。

昔々インドに、ヒマラヤ山脈の麓に、シャコドリとお猿さんと象が暮らしておりました。非常に仲良く暮らしておりましたが、月日が経つうちに、そうではなくなってきました。何故かというと、シャコドリさんは朝の六時に目を覚ましますが、猿は一日中寝ているのです。だらだらと。で、象は夜、街に遊びに行っているんだかどうだか知りませんが、夜遊んでいて寝るのが遅いのです。ですから朝寝をします。皆が時間帯がまちまち。今の若者のようでございまして、昼寝て夜起きている。お父さんが会社へ行く時まだ寝ているというようなものです。非常に滅茶苦茶になってきます。

そうするとお互いに、腹が立ち機嫌悪くなります。シャコドリが六時に起きる。そうするとパタパタしますから、猿も目を覚ます。俺は一日中寝とるのに、起こされてかなわんなと愚痴を言います。「かなわんな」というその声を聞いて、今度は寝たばかりの象が目を覚ました。「どうしてくれんのや、寝てられへんやないか」と言って、喧嘩も起こります。三人三様、ゴチャゴチャゴチャゴチャ喧嘩します。

こりゃ、もうなんともならん。こんなことやっとったら一緒に暮らせません。仲ようするしかありませんが、どうしたら仲ようなれるか。これはなかなか難しい問題です。そのうち、「こうしたらどうやろ」と皆で考えついたんです。だいたい年長者というのは智慧があるはずです。この三人のなかで誰が年長者かを明らかにして、その人にどうしたらええかを、教えてもらおうやないかということになりました。

ところが、誰が年長者か記憶が無いんです。皆初めから、一緒に暮らしていたような気がします。別に戸籍簿があって、何年に生まれたということがわかるわけでもありません。皆似たようなもので、誰が年長者かわからないのです。すると、えらいことに気が付いたものがいました。それはシャコドリでした。答は、簡単に出てくるのです。

ちょうどその森に、大きなベンガルボダイジュがございました。自分が最初の記憶にあるベンガルボダイジュはどれくらいの大きさだったかが、わかればよいのです。そうすると、自分の記憶にある木が大きければ、年齢が若いということになります。私の記憶にある木は、こんなんやった。「こんな大きさだった」で分かります。

それで最初に「象さんどうですか」と二人は尋ねます。すると象はこう言います。「僕の最初の記憶では、この木の上を、またいで歩いて行ったら、この木の先端が腹をくすぐったよ」。そうするとその木は、小象のおなかのあたりですから、一メートルに満たないくらいの高さでありましょう。

次はお猿さんの番です。「お猿さん、あなたの最初の記憶では、ベンガルボダイジュの高さはどれくらいでしたか」。このように二人が尋ねます。「私の記憶にあるのは、しゃがんだらちょうど口のところに木の先端がきたので、木の葉をガジガジってかじったことです」。木の葉っぱを小猿がしゃがんでかじったならば、ベンガルボダイジュは苗木ぐらいの大きさですから、猿の方が年長者です。

いよいよ最後のシャコドリさんであります。「シャコドリさん、あなたの最初の記憶ではこの木はどのくらいの大きさでしたか」と二人が尋ねますと、シャコドリは答えます。「実は、この木はここにはなかったんです」。驚いて聞きますと、次のように答えます。「この木は山の向こうに生えており、私はそこの木の実をよく食べていました。そして、ここへ遊びに飛んできて、よく糞をしたものです。その糞の中に入っていた種が育って、このベンガルボダイジュになったのです」。

えらい持って回った言い方ですね。それなら誰が一番年長者かと言えば、シャコドリということになります。では、どうすればいいかということの考えを、シャコドリが披露します。それによって皆は仲良くなったんです。さて、どのように言ったのでしょうか。

シャコドリは次のように申します。

「太陽は朝になったら昇る。夕方になったら沈む。これは変えることができない。それと同様にして、我々も太陽とともに起きて、太陽とともに寝ようではありませんか。こういう暮らしそのものは、私らの体の中に本来あるものですから、そうすればよいでしょう」

つまり、自然に逆らわずに、計らい心を捨てて自然に生きることが大切であると、シャコドリ（実はお釈迦さまの前世の姿）は申したのであります。つまり自然の法、その自然の法に従って生きれば幸せになるということであります。そうすれば、いざこざもなにも起こらない。自然の中に流れている法、自然の中に貫かれている法、その法がじつは自分にも流れているのだ。このことを受け止めた時に、存在者は主体化し平等の自覚をもつことができるのであります。したがって、この三人は仲良く仲良く暮らすようになれたのです。

三人には、最初は「俺が」「我が」の計らい、「我執」があったわけです。「私は夜音楽聞きたい」という、その聞きたい主体は私なのです。また「私は早く寝たい」という欲望の主は私であります。いつもあるのは、「私は」、「私は」、「私は」ばかりです。その「私」と他者の「私」がぶつかり合うと、対立問題が出てきます。ところがそんなことはやめて、自然のままでいったらいいのではないか。なぜなら、私にも、あなたにも同じように自然の法が流れているのだから。そのように、意識すれば、問題は生じません。これは、「早く起きなさい」と言われたのとは違うんです。そういうふうに自然の理が自分の体にも貫かれていることを自覚すればいいのです。

この物語で一番偉いことを言ったのがシャコドリです。実はシャコドリというのは、お釈迦さんの生まれる前のお姿であったと、当時の人はお説教したようであります。いつの頃かわかりませんが、西暦紀元前の話でございましょう。この話は、元は口伝えの話で、お釈迦さまの時代以前からインドにあったものでございます。ですから、今お話申し上げております「自然法爾」というのは、えらい古い話なんです。

したがって、浄土真宗の教えの根幹にございますこの思想は、別に不思議なものでもなんでもないのです。そういうふうに考えていきますと、あまり、我々の肩に力が入りませんね。

このあいだ、ご門徒のお宅へ法要に行かせていただきました時、こんなことを申される方がおられました。「ご院さん、宗教を信じんやつは、畜生以下ですな」。これはなかなかええことやなと思いました。畜生は、本来的に自然《じねん》に従って生きとるから、問題ないのです。ただ服着せられたり、パンツ履かされたりしている犬は、これは自然《じねん》のままではないので気の毒です。そういう犬は早死にします。

私とこにも犬がおりますけれども、シーズー犬といいまして、毛のクシャクシャの犬です。本来は、座敷で飼う犬やそうですが、畜生のくせに、座敷とはえらそうなこと言うなと思いまして、外で飼うことにしたのです。外で飼うということになりましたので、クサリをつけると家のものが申しました。そこで私は、「自《じ》然《ねん》にまかさなあかん。そんなクサリ付けたらアカン。ほったらかしておけ」と申しました。餌も、最低限しか与えません。夏などは、私の所も自然《じねん》に逆らいまして、暑いもんでクーラーをつけます。クーラーの水が垂れてきますと、このクーラーの水を犬に飲ませます。すると、子供の時からクーラーの水を飲んでおりますので、犬は喜んでその水を飲んで、元気に十年も生きております。

余計なことを申し上げましたが、動物の場合は、一般的に言いますと、自然《じねん》と自分が一体化しております。ジャータカ物語の登場人物は、自然《じねん》を変えようとしたのです。自己中心主義によって自然《じねん》を変えようとしたのであります。ところが、本来は、それは変えることはできません。お米について申しますと、最近すこし時期が変わってきておりますが、梅雨に田植えをして、それで秋に取り入れをします。秋に田植えをして、冬に取り入れをすることはありません。自然はそういうふうになっているからであります。

ところが人間は違うんです。人間は自然（じねん）のままに生きられへんようになってます。それは、煩悩があるからです。そういうことで、自分は人間は自然のままに生きることができない。雀や猫などの動物には、「迷いを引き起こし、悩み・苦しみの原因となる心のすべて」と言う意味での煩悩はなく、自然《じねん》に添って生きています。自らに自然《じねん》が貫かれているのであります。

人間は、人間として生まれるのではなく、人間候補者として生まれるので、人間らしく生きる努力が要るのであります。雀が雀らしく生きるようになるためには、餌の取り方を教えてもらう程度で、あまり訓練は要らないようであります。ですから、短期間で雀になります。特別な種類の、人間が手をかけて開発した花を除けば、花は花らしく生きています。ところが人間のみが、そのままでは社会の中で人間らしく生きておりません。

今日、こちらの西信寺のご院さんともお話申し上げていたのですが、私が大学で教えている学生の中で、授業に出てこられない方がいます。まったく、出てこられません。何か、私が嫌なことを申し上げたからかと思ったのですが、そうではなくて、授業の時に、パッと出るタイミングが自分でよう掴めないということらしいのです。すっといけば、よいのにと思うんですがね。それで、授業の期間が終わるすこし前ぐらいに、やっと出てきたのです。「やっと出れるようになりました」と申しますので、本当はそんな時期からではいけないのですが、「頑張ってやんなさい」と言って、元気づけてあげました。

授業があれば出るのが当たり前ですけど、それもできなくなった。以前は授業をサボる場合でも、「バイト」とか「サークル活動」とか、それなりの「理由」がありました。この変化を見ますと、ずいぶんと「大学生」としての人間の自然《じねん》が破壊されてきていることがわかります。

ほぼ例外なしに動物や植物は、そういうふうに自然《じねん》の中で生きておりますから、別にほかの物はいらない。ところが人間は、人間が自然《じねん》として生きるためには、他のものがいるのです。他のものというのは、機械じゃなくて人間を大地に引き戻すもの。人間を、簡単に言いますと、不自然に生きているものを自然に生きさせるようにするものが必要なんです。これが阿弥陀さんなのです。こういうふうに考えていけば、そんなに難しい話ではないんではないかと思います。

ところが今現実の世の中見ますと、なかなか今の人間社会ほど、人間らしく暮らしにくい社会はないと思います。子供さんの問題もそうですけれども、もうそれはえらいもんです。皆ノイローゼ状況。ある小学校の話ですが、なんでも人の物を取らないと落ち着かない子供さんがいるそうです。喧嘩をしても、昔の子供は鼻血か瘤かすり傷程度で終わったものです。今は、手加減せず怒りのはけ口を相手にぶっつけたりしますので、簡単に命をなくす事件も起きています。子供の中に、今までは比較的残っていた自然（じねん）が根こそぎなくなったかのようであります。

しかし、このような現実の根本責任はわれわれ大人にあるのです。自然のまま永きに渡って川を潤してきた緑の丘陵をいとも簡単に破壊して、宅地造成を行い、そこに多くの人が移り住みますが、人間の情が通い合う共同体は、なかなかできません。

長良川には自然に逆らって、河口堰を作ってしまう。河口堰作ったらどうなるかと申しますと、桑名の赤洲賀の漁師さんが言うには、川と海が仕切られてしまいますので、はまぐり、しじみが致命的打撃を受けるのです。なぜかと申しますと、潮が行ったり来たりしていたのが、河口堰によって流れが閉じられるものですから、塩分は重いため下に下がり、上が水になる。そうすると貝が息できなくなります。貝の自然《じねん》に逆らうわけです。それで、貝は死んでしまいます。それから、鮎の遡上が六割がた減ったと言われます。これも自然《じねん》に逆らった結果であります。それは全部われわれに跳ね返って来るのです。そのような、厳しい今日の現実が、私たちの前にあるわけです。

ところが我々は分からずに、どんどんどんと自然破壊をしております。そうするとその中でのしっぺ返しを受けますね。それが先程申しあげたように、ストレスが溜まってきて、子供のストレスというのは昔はあまり聞かなかったのですが、子供が自然を無くすところまできております。そこまで来ると終わりですな。

そういうような状況まで今来ているのに、益々自然《じねん》に反する方向に進んで行っております。これは自滅の道ですね。水なんかでも、それに悪さをしますと、そのものは地球が始まった時以来、量は変わらないそうでございますから、色々なものがその中に入れば入るほど、それは人間の体の中を通過して行きますから、我々の自然が破壊されていくわけです。このような状況が、どんどん続いております。

原発にしてもそうです。未来の人類、生物のことなど考えず、「俺が」「我が」のあくなき要求のみしかなく、問題点を指摘されると国家権力によって潰そうとします。まさに、仏教で申します「三毒」(貪欲〈むさぼり・あくなき欲望〉、瞋恚《いかり》、愚痴〈おろかさ・真理に暗い事〉)であります。

原発を作ると高出力の電力が得られます。高出力電力が得られるけれども、その結果何が出て来るかというと、「死の灰」だけではなくて、原発から湯気が出てますけれども、あのなかにも放射能がばらまかれているそうです。原発のある若狭のお寺さんの話ですが、そこのお寺さんではご門徒さまの何人かが亡くなられます。ところが、全員が癌で亡くなるとおっしゃっておられます。そう申されたご院さんも、癌で亡くなられたんです。これはまさに自然《じねん》そのものを破壊した結果そうなっていったのです。

我々にとって一番重要なことは、自然というのは我々の外にある「単なる素材」として考えるんじゃなくて、実はそれ自身「神的なもの」として受け止めなければいかんということであります。自然を自然《じねん》としてではなく、「単なる素材」として受け止めるものは、自己中心主義的な「我執」、自分のみが理性的で尊いと考える「我執」であると思います。自己の判断のみが正しいという立場でことを進めていくと、それは心の崩壊の問題だけではなくて、最終的に人間破滅にまで行ってしまいます。

私はこの『ジャータカ物語』の中の話というのは、今から約二千二百年前のはなしですが、非常に現代的なはなしであるように思われます。シャコドリが語りかける内容は、実は阿弥陀さまの呼び声なのです。だから今こそ、この呼び声を受け止めないと人間としても生きられません。

このまま原発をつくり続ける道を歩み続けますと、孫子の代は、自分には責任のない「死の灰」の充満した「自然」の中で人生を始めなりればなりません。解決不可能とされる『死の灰」との葛藤に取り組まねばならないというのは、悲惨なことです。とてつもないマイナスからの人生を始めることを、子孫に強制することがわれわれに許されるのでしょうか。

これは、えげつない話で、自分たちが、原発によって好き勝手に電力を使い続けることによって、電力会社は儲かり、われわれも安楽でよいかもしれませんが、孫、ひ孫のことなど知らん、という発想ですな。まさに自分だけ。俺が我がのこの我の心。これだけしかない。それであればあるほど、逆に言いますと、そこから抜け出す道というのは、一つしかない。シャコドリではないですけれども、自然《じねん》を自分の自然として受け止める。全てに貫かれている自然《じねん》の法《しんじつ》を自分のものとして受け止める。そのとき、ご和讃にございますように、「煩悩のこおり（氷）とけ、すなわち菩提《さとり》のみず（水）となる」のであります。

われわれは、自己中心主義を自ら、振り捨てることはできません。最初もお話いたしましたように、「どうしようもないところに置かれているんだぞ」ということの認識がないとあかんわけです。それは阿弥陀様の呼び声、阿弥陀様がわれわれに差し向けられる本願力廻向、他力のご廻向によるがゆえに我々に廻心が生じ不動の認識が得られるのであります。

●価値観の変革と自然《じねん》観

そのような認識は、阿弥陀さまよりいただいた智慧の信心でありますから、「なんとかそれをせなあかん」という気持ちになるのであります。「なんとかそれをせないかん」というのは、新しい科学に頼る方法でもなんでもないのです。ものの考え方を変えることなんです。ものの考え方を変えないと、我々は生きられない。「そのものの考え方を変える」ということを今まで追求してこなかったんですな、明治いらいの日本は、残念ながら、苦しい状況になっても科学で対応できると信じ込んできたのです。

人間の社会は常に「右肩上りの」発展をしなければならないと信じ込み、この方向を追求しないのは「後進国」だと考えたのです。これを保証するのは、理性であり科学であると位置付けたのが「西洋近代」の価値観であります。今までのように人間の行為に歯止めをかける神はいなくなりましたので、人間は欲望の赴くまま何でもできるようになり、それが理性と科学によって正当化されるようになったのであります。神にかわった新たな神としての科学によって自己中心主義を正当化して、今日に至る「発展」を人類は、なしとげてきたのです。

これは、麻薬を使用し続けて、快楽を求めるのに似ています。それは「錯覚による快楽」と「後戻りの困難さ」という点であります。

ところが、人間が救われるというのは、科学ではないのです。価値観、価値のありかたを問わなければばならないのであります。例えば聖書にも述べられていますが、一方には、野に咲くゆりの花があり、他方には立派な宮殿があります。宮殿には、ごちそうも宝物もなんでもあります。どちらを選ばれますか。野に咲くゆりが美しい、こちらを自分は選択するという場合は、その基本にこちらのほうがすばらしいという価値観があるからなのです。これは価値が変わったわけです。従来の価値観で判断すれば、誰が見ても宮殿の方が魅力的に思われます。

今我々日本はそういう宮殿にいる状況やないかと思います。もっと酷く言いますと、そういう状況の中に閉じ込められているんですな。『仏説無量寿経』(下巻）では、「疑城胎宮《ぎじょうたいぐう》」について次のように述べられております。「仏智を信じないで、自力の修業による往生を願うものは、五百年の間宮殿にとじこめられ、仏・菩薩など見ず、法も聞けず、あたかも母親の胎内にいるようである」（『真宗小事典』）。その宮殿には、欲しいものは何でもあるのですが、真実だけはないのであります。その宮殿に閉じ込められていると、非常に苦しい、なんとしても真実が欲しいと思えば、他力信心、自然《じねん》の法をいただくことによって脱出できるのであります。

如来さんの誓いというのは、人々が「おのれのはからい」を捨てて、「南無阿弥陀仏」の呼び声を受け止める時、その人を迎え入れましょう、ということであります。これがまさに自然《じねん》の構造であります。その構造を示したものが、阿弥陀さまであります。阿弥陀さまというのは実は、自然《じねん》とは何かを示すための料（手段）であると親鸞聖人は申しておられます。

自然に貫かれている法（真実）を極当然のあたり前のこととして、今度は自分にもそれを自覚的に受け止め、貫かさせる。この貫かせるということが、信心ではないかと思います。

我々が自然《じねん》を自らのものとして受け止める時は、すでに申し上げたように、幸せな、脳天気の時ではなく、現実と向かい合った時に、もうどうにもならないところにいま自分がきているんだということがわからされた時、そういう時にこそ初めてわかる、簡単な答なのです。その時、わたしたちはうなずけるのです。「あっ、自然《じねん》なんだ。それが阿弥陀さんの呼び声なんだ」と。それが阿弥陀さまの限りない智慧の光に照らされた時なのです。

その阿弥陀さまの智慧の光を浴びる時、我々には真実が、ものごとの道理が見えて来ます。その見えてきた道筋にそって生きればいいのではないでしょうか。従いまして決して浄土真宗の教えというのは、今から七百何十年前の古びた教えではなく、今こそ光り輝く、そういう教えやないかと思います。

さて、われわれにはどのように生きて行くのかという非常に難しい問題が突きつけられております。このような難問を解決するには、アジャセ王子のように新しい人間に生まれ変わらなければいけません。新しい人間に生まれ変わるには、新しい価値観が自らのものにならなければなりません。この価値観こそが信心によってえられるものであります。

信心を得た時、「無碍の白道」という本当の道が阿弥陀さまによって我々の前に示されるのであります。その道に進んでいくというのが、人間が人間を完成させる道であります。それがどんな道かというのは、私の計らいを越えております。これだ、あれだと申しますのは所詮、「私」のつくった道ですからね。それはおのずと開けてくる道でありましょう。

そういうことを我々は受け止めていく。これが私たちに一番問われていることではなかろうかと思います。

さて、朝からずっとお話をさせて頂きました。最後に自然《じねん》のお話までさせて頂きました。これは親鸞聖人が長い苦難のご生涯において到達された思想でございます。現代においても大きな道標となる親鸞聖人のみ教えを、我々は受け止めなければいけないと思います。その教えを受け止めさせて頂く場が、この報恩講の場でございます。

そういうことを受け止めさせていただきます時に、有名な「恩徳讃《おんどくさん》」という和讃が浮かんで参ります。「如来大悲の恩徳は、身を粉にしても奉ずべし。師主知識の恩徳も、骨を砕きても謝すべし」。

これは有名なご和讃でございます。これは親鸞聖人がお作りになった、ご和讃ではございますが、これの元になるものがございます。それは善導大師の言葉でございます。『法事讃』というお書き物の中で、善導大師は「謝身慚謝」すなわち、「身を砕き自分を反省する」という言葉がございます。これこそが一番重要だと申されます。

これはどういうことかといいますと、身を砕いて阿弥陀さんの教えを示された釈尊のご恩をいただきながら、少しも私たちはそれを生かしておらん。なんと生かしていないかという自分の懺悔。そしてそれを謝らねばならない。私どもは、骨を砕いてもそれを謝さねばならない。そのことを受け止めさせていただいた時に、我々を取り囲んでおる自分中心主義が、バラバラっと崩れてゆきます。そして、真実の人間になっていく。

こういうことをうたいこまれたのが、この、善導大師のお言葉でございます。これは、高田派の川瀬先生のご著作から学ばせていただいたものであります。善導大師のお言葉を親鸞聖人は「如来大悲の恩徳」という形で、自らで受け止められたのであります。

阿弥陀さまの教えは、お釈迦さまを通じて七高僧を通じて、ご開山聖人まで伝わり、その教えが今私たちのところに降り注いできております。それを考えた時に私どもが、そのみ教えを本当に自分のものにしておるんだろうか。それができていないことが今の現実の姿ではないか。なんと自分はそのことを受け止めていないかという、深い反省と、そしてそれを受け止める時に我々を縛っておる、我執というものがバラバラっと砕けていく。そうでなければならんのですよ。ということを、親鸞聖人はご自身おっしゃられた。

その言葉は私どもが今受け止める言葉でありますし、私が朝からお話してきた、七高僧の流れを今この私が受け止めていく。そういう決意の場と申しましょうか、出発の場にさせていただくことを本日の報恩講の最後の締めくくりの言葉に、させていただきたいと思います。

それでは皆さんと一緒に、「恩徳讃」をご唱和させていただきたいと思います。

南無阿弥陀仏。南無阿弥陀仏。南無阿弥陀仏。

あとがき

二年前、同時代社の川上徹氏より、『親鸞―その思想史』(森龍吉著) の復刊を考えているので、解題を書いてほしいとの依頼があった。解題の内容を川上氏と話しているうちに、解題の範囲を超えて、親鸞思想の今日的意味を問う書き下ろしを一冊仕上げることになってしまった。それが本書『親鸞復興―自己中心的世界を超えて』である。

アパルトヘイト時代の南アフリカの戯曲に『ウォーザ、アルバート!(よみがえれ、アフリカ民族会議初代議長アルバート・ルツーリよ!)』(一九八六年) がある。この作品は、「もし、イエスが南アフリカによみがえったなら、どのようなことがおきるのか?」を描いたものである。この戯曲にならった、「もし親鸞がよみがえったなら、彼は現在どのような発言をし、行動するのか?」という問いを発し、私なりに答えてみたのが、『親鸞復興―自己中心的世界を超えて』である。

今日の世界をみてみると、アメリカの「一国中心主義」の酷さが露骨に現れている。日本政府は、それを無批判に追従するだけである。「御用学者」がそれを正当化する。これらの現実に対してマスコミは徹底的な批判力を欠いている。親鸞は『顕浄土真実教行証文類』の「あとがき」において、次のように述べている。「首都の学者たちは、何が真実かの見分けもつかず、また天皇も家臣たちも仏法に背き、道理にはずれて、怒りと怨みの心をいだいて、真実の道を説く法然上人や私たちを不当にも逮捕し処刑・流刑などに処した」。

「末法五濁」という点で現代とも重なり合う、当時の現実社会を生き抜いた親鸞には、旧来の「国家権力のための仏教」は廃れ、それにかわるのは「浄土の真宗」であり、この教えこそが人間解放と完成への道であるという揺るぎない確信があったのだ。本書では、その「浄土の真宗」の意味を私なりに説き明かそうと努力した。

私が最も大きな影響を受けたのは、信楽峻麿先生（元龍谷大学学長）である。先生には一九九九年一一月に巌修された正泉寺本堂屋根大改修記念法要時のご講演以来、真宗雑誌『リーラー』への玉稿をたまわるなど、多大のご指導・ご協力をいただいている。本書に積極的意味があるとすれば、それはすべて先生から学んだものである。先生の学恩には深く感謝を申し上げる次第である。

住職と大学教員の生活の両立は、体力・精神力と同時に「同志」がいなければ困難である。この困難の克服は妻祥子の力によって可能となっている。末尾ながら、正泉寺生まれ育ち、坊守として寺を守りつつ私と共に法務を行っている妻北島祥子に心より感謝したい。

【用語解説】

顕密体制：天台・真言および南都六宗は十世紀には、密教の絶対的優位を承認する中で、一つのまとまりとして教学的にも教団的にも完成され、宗教の全体を支配するものにまで高められてきた。これを黒田俊雄氏は顕密主義と呼び、古代から中世への移行の過程での新しい思想史的達成として位置付ける。この顕密主義を基調とする諸宗が国家権力と癒着したかたちで宗教のあり方を固めた体制を、黒田氏は顕密体制と呼んでいる。（『王法と仏法』法蔵館）。

『顕浄土真実教行証文類』：親鸞の著書で、浄土真宗の立教開宗の根本聖典。浄土真実の教（仏のおしえ）・行（その教えによって修する行）・証《さとり》を顕す教典や注釈書などを分類し、親鸞の解釈を加えつつ体系化的にまとめあげることによって、専修念仏思想批判に対して学問的に応えた書物である。略して『教行証』、『教行信証』と呼んでいる。

浄土三部経（『仏説無量寿経』、『観無量寿経』、『仏説阿弥陀経』）：法然が『選択本願念仏集』において、大乗諸教典の中から浄土の教えを説く教典として、選んだもの。

『選択本願念仏集』：末法の世という歴史認識に基づいて、浄土三部経、『観経四帖疏』（善導）、『安楽集』（道綽）などの経文・解釈を引用し、法然自身の解釈を加えて阿弥陀仏の本願を称名念仏に集約させた、画期的な書物。

『安楽集』：中国隋の時代の仏教学者道綽が『仏説観無量経』に基づいて、念仏の真実の意味を説いた書物。末法の世においては、人間は偏に阿弥陀仏に帰依して念仏に励み、それによって安楽浄土に往生することが説かれている。

『往生要集』：源信によって書かれた、平安中期の代表的な浄土経の教学書。阿弥陀仏の極楽浄土に生まれるために、最も大切なものは念仏であることが述べられている。

『菩薩戒経』：『梵網経』（五世紀ごろ成立）と同じ。『華厳経』の菩薩戒思想を発展させたものと言われている。親鸞は『梵網経』第40軽戒の「出家人法不向国王礼拝。不向父母礼拝。六親不敬。鬼神不礼」を「化身土文類」で引用している。

『唯信鈔文意』：親鸞85歳の時の著書。聖覚法印の『唯信鈔』に、一般の人々が理解しやすいように、親鸞が解説を加えたものである。

『一念多念文意』：親鸞85歳の時の著書。法然門下の隆寛の『一念多念分別事』に親鸞の解釈を加え、浄土往生のためには「一念か多念か」という念仏の回数には偏してはならないことを示した書である。

『浄土論註』：中国の曇鸞の著書。インドの天親《ヴァスバンドゥ》（世親）の『浄土論』に注解を加えたもので、衆生往生は他力の回向によることを示した書である。

『大智度論』：インドの龍樹《ナーガールジュナ》の著書とされていが、サンスクリット本・チベット訳もなく、鳩摩羅什《くまらじゅう》の漢訳のみが伝わっている。摩訶般若波羅蜜多経の註訳書で、空の思想、六波羅蜜などが述べられている。

『入出二門偈』：親鸞84歳の時の著作。天親の『浄土論』と曇鸞の『浄土論註』によって入出二門を明らかにし、曇鸞、道綽、善導をたたえた賛歌。

『遊行経』：釈尊最後の旅路を記した教典。下巻において、釈尊の臨終のありさまが感動的に生き生きと述べられている。

『正信念仏偈』：親鸞の著書『顕浄土真実教行証文類』の「行文類」の巻末にある他力念仏賛歌。略して『正信偈』ともいう。

『念仏正信偈』：親鸞の著書『浄土文類聚鈔』の中にある、他力念仏賛歌。略して『文類偈《もんるいげ》』ともいう。

『愚禿鈔』：親鸞83歳の時の著作。上巻では、聖道浄土二門の対比を通して仏教全体の中での浄土真宗の教えの意義を示し、下巻では善導の『観経疏』の「三心釈」について、その内容が整理されている。

『口伝鈔』：本願寺覚如が如信より伝えられた親鸞の言行を述べて筆記させたもの。

『御文章』『御文』：本願寺第八世蓮如が門徒のために、真宗信心を平易な言葉で語った消息文（手紙文）選集。浄土真宗本願寺派では、『御文章《ごぶんしょう》』と呼び、真宗大谷派では『御文《おふみ》』と呼んでいる。

『末灯鈔』：徒覚（本願寺第三世覚如の息子）が編集した親鸞の消息文（手紙文）選集。末法の世を照らす灯火となる書という意味。

『正像末和讃』：親鸞最晩年（八五歳以降）に書かれた、和文による本願念仏賛歌。「愚禿悲嘆述懐」が納められている。

用語解説にあたっては、主として『岩波仏教辞典』（岩波書店）、『真宗辞典』（法蔵館）、『浄土真宗聖典（註釈版）』（本願寺出版社）に依拠した。

北島義信（きたじま・ぎしん）

【略歴】
1944年　三重県四日市市にある浄土真宗本願寺派流東山円勝寺に生まれる
1967年　大阪外国語大学インドパキスタン語学科ヒンディー語学専攻卒業
1969年　大阪市立大学文学部文学科哲学専攻卒業
1972年　大阪市立大学大学院文学研究科哲学専攻修士課程修了
1972年　真宗高田派月光山正泉寺へ入寺
1973年　暁学園短期大学専任講師、79年助教授、89年教授
1981年～84年　暁学園職員組合執行委員長
1991年～現在　黒人研究の会副代表
1994年　真宗高田派月光山正泉寺住職継職
1997年～現在　四日市大学環境情報学部教授

【おもな著書】
『アフリカ世界とのコミュニケーション』（文理閣）
『脱獄』〔翻訳／ティム・ジェンキン著〕（同時代社）
『川をはさみて』〔翻訳／グギ・ワ・ジオンゴ〕（門土社）
『世界の黒人文学』〔編著〕（鷹書房弓プレス）
『オリエンタリズムを超えて』〔F.ダルマイヤー著／共訳〕（新評論）
『アジアの民話』〔C.スパニョーリ著／共訳〕（同時代社）
『人類・開発・ＮＧＯ』〔共著〕（新評論）
『地球村の行方』〔共著〕（新評論）
『地球村の思想』〔共著〕（新評論）

親鸞復興——自己中心的世界を超えて

2004年 5月14日　初版第1刷発行

著　者　北島義信
表紙デザイン　山本千暁
制　作　ルート企画
発行者　川上　徹
発行所　同時代社
〒101-0065 東京都千代田区西神田2-7-6
電話03-3261-3149　FAX03-3261-3237
印　刷　㈱ミツワ

ISBN4-88683-526-0